复杂工程管理书系
理论研究与探索丛书

重大工程项目治理机制及其对项目成功的影响机理

谢坚勋　著

同济大学出版社
TONGJI UNIVERSITY PRESS

前 言

长期以来，借助于独特的体制和制度，以政府为主导推动重大工程建设是我国重大工程鲜明的组织特点。例如，我国的重大工程建设普遍采用工程领导小组或工程指挥部等组织模式，并由此取得一系列举世瞩目的工程成就。由于我国重大基础设施项目绝大多数由中央或地方政府部门或其授权分支机构（如指挥部，管委会，政府出资成立的项目公司等）直接管理，因此，我国重大基础设施工程具有特殊的“垂直治理”情境。然而，当前关于项目治理的研究主要以定性研究为主，且研究内容聚焦于市场治理手段（“水平治理”）的研究，治理机制也主要包括合同治理和关系治理两个维度。一方面，这些研究尚未聚焦于重大基础设施工程领域；另一方面，这些研究亦未考虑我国重大工程组织根植于我国独特的体制及制度情境之中的特殊性，有意或者无意地忽视组织内或组织间行政指令治理机制，导致相应研究结果在我国重大工程项目情境下解释力不足。

本书拟结合我国重大工程项目的制度情境，基于制度理论、情境理论和项目治理等理论，综合采用扎根理论的全景式质性研究法、问卷调查与结构方程模型的实证研究方法，构建符合我国重大工程项目实际情况的项目治理机制框架，并进一步探索其对项目成功的影响机理，以期为提高项目治理绩效和实现项目成功提供有益的理论指导。对于提升重大工程项目治理能力，发展适合我国重大工程项目情境的治理理论、改进重大工程项目建设的绩效具有一定的理论意义与实践意义。具体的研究内容和成果如下：

（1）在文献综述的基础上，基于重大工程项目情境特征分析，采用质性研究方法构建重大工程项目的合同治理（CG）、关系治理（RG）和行政治理（AG）的三维治理机制框架。具体内容包括：基于六项重大工程典型案例和非结构化专家访谈资料，采用扎根理论法对行政治理机制进行探索性研究，得出行政治理机制包括政府决策、政府监督、政府协调等三个维度；通过内容分析法和专家访谈法，在现有研究的基础上，对合同治理机制和关系治理机制进行优化研究，得出合同治理机制包括风险分担和收益分配两个维度，关系治理机制包括信息共享、共同解决问题和文化建设三个维度。

（2）基于所构建的重大工程项目治理机制三维框架，通过问卷调查和收集的 235 份问卷数据，采用探索性因子分析法识别重大工程项目治理机制的六个因子，包括风险分担机制、收益分配机制、关系维护机制、文化建设机制、政府监管机制和政府协调机制；开发合同治理机制、关系治理机制和行政治理机制量表，并对量表进行信度和效度检验，从而对重大工程项目治理机制的框架构建实现了量化研究。

（3）基于已经识别出的重大工程项目治理机制维度，采用均值差异性检验法分析受访者特征（包括性别、年龄、教育背景、参与年限、项目职位）以及项目特征（包括项目类型、参与阶段、项目投资、项目工期、单位角色）在重大工程项目治理机制各维度的差异性特征，以进一步探索重大工程项目治理机制的特征。具体内容包括：①利用均值绘制雷达图，分析不同受访者特征与项目特征在项目治理各维度的差异；②采用独立样本 T 检验分析或单因素方差分析法分析其差异是否达到显著；③根据项目治理的均值折线图分析不同特征在项目治理的差异。研究结果表明，除了受访者的性别、参与年限、参与阶段、项目投资、单位角色在项目治理各维度均不存在显著差异外，其余各变量如受访者的不同年龄、教育背景、项目职位、项目类型及项目工期都在项目治理各维度存在显著差异。

（4）采用结构方程模型和 AMOS 软件对重大工程项目治理机制对项目成功影响机理进行实证研究。具体步骤包括：①结合项目治理绩效、项目成功进行理论推演，构建重大工程项目治理机制与项目成功之间关系的概念模型“治理机制——治理绩效——项目成功”；②对合同治理机制、关系治理机制、行政治理机制、项目治理绩效、项目成功等变量测量体系进行验证性因子分析；③采用结构方程模型，利用问卷调查所收集到的 235 份数据对概念模型中涉及的研究假设进行验证并进行分析和讨论；④明确合同治理机制、关系治理机制和行政治理机制之间的关联关系，以及对治理绩效的作用机理。研究结果表明，除了重大工程项目的合同治理机制、关系治理机制与行政治理机制均直接作用于项目治理绩效外，合同治理机制还通过行政治理机制和关系治理机制对治理绩效产生间接影响，行政治理机制还通过合同治理机制和关系治理机制对治理绩效产生间接影响；重大工程项目治理机制的直接产出是项目治理绩效，进而影响项目成功。

本书研究基于作者长期参与重大工程建设管理的工作背景而开展，是作者在同济大学复杂工程管理研究院工作学习的科研成果。本书研究获得了国家自然科学基金研究课题“重大基础设施工程的组织行为与模式创新研究”（项目批准号 71390523）的支持。写作过程中，得到同济大学复杂工程管理研究院乐云教授、何清华教授、李永奎教授及其科研团队罗岚老师、翟曌老师、王歌老师、陈震老师和众多研究生们的指导和帮助，在此衷心感谢他们为本书研究所付出的努力。

目 录

第 1 章 绪论

1.1 研究背景与问题的提出

目前全球重大工程项目已经进入“万亿级时代”（Flyvbjerg，2014）。根据全球著名咨询公司麦肯锡的报告预测，重大基础设施的投资总额到 2030 年将达到 57 万亿美元，也就是说，每年重大工程的投资额将达到 6 万亿 ~ 9 万亿美元，将占到全球国内生产总值 GDP 的 8%（Dobbs et al.，2013）。在我国，重大工程项目一直在经济建设和社会发展以及城市化推进中具有非常关键的作用。在 2016 年发布的《交通基础设施重大工程建设三年行动计划》中，我国交通重大工程投资总额为 4.7 万亿元；2017 年我国重大工程投资额超过了 10 万亿元；2018 年全国基础设施投资超过 18 万亿元。新型城镇化建设的快速推进、国家“一带一路”倡议的推行，更将持续掀起新一轮重大工程建设和投资的高潮（韩春雷，2017）。重大工程项目是指能为社会经济发展和民众生活提供基础性公共服务的重大物质设施项目。与一般建设工程项目相比较，重大工程项目往往具有投资规模大、建设周期长、技术复杂以及影响广泛且深远等特点，从而给项目管理者的决策带来巨大挑战，导致重大工程普遍具有“超投资、超工期、低收益”的“铁律”（Li et al.，2017）。

项目治理一直在建设工程项目的执行中扮演重要的角色，甚至已经被看成是影响项目绩效的决定性因素（Li et al.，2017）。政府投资的大型建设工程往往具有新的复杂性特点，仅仅依靠传统的项目管理手段优化，已不能适应现代大型复杂项目管理的需求（贾广社等，2010）。对此，国内外学者近年来开始对项目治理（project governance，PG）理论进行了广泛深入的研究。相比较于项目管理，项目治理被称为“项目管理的管理”，是一种更为高层次的管理活动。它是指通过协调项目全寿命周期所涉及的所有利益相关者间的责权利安排，从而解决传统项目管理理论所不能解决的制度层面的问题，最终通过提高项目治理水平来改善项目管理绩效（丁荣贵等，2013；方炜等，2017；尹贻林，2011）。但在面向重大工程项目时，传统项目治理理论逐渐显示出不适应性（Li et al.，2017），主要体现在重大工程项目具有政府主导的制度情境特征（李永奎，2017）。众所周知，和欧美等发达国家相比，我国的市场机制尚处于不断发展过程中，尤其在重大工程建设领域许多方面还需要不断成熟和完善（乐云等，2016a；乐云等，2016；李永奎，2017）。长期以来，借助于独特的体制和制度，以政府为主导推动重大工程建设是我国重大工程鲜明的组织特点，如我国的重大工程建设采用了领导小组或指挥部等传统组织模式，由此取得一系列举世瞩目的成就。由于我国重大基础设施项目绝大多数由中央或地方政府部门或其授权的分支机构（如指挥部、管委会、政府出资成立的项目公司等）直接管理，因此，我国重大基础设施工程具有特殊的"垂直治理"情境（Li et al.，2011；李永奎，2017）。需要注意的是，重大工程项目一直在我国经济发展和社会城市建设中起着关键作用，由此也形成一系列最佳实践、制度体系和惯常的做法，可供借鉴（李永奎，2017）。

可以看出，重大工程项目往往不同于一般项目，具有多维、多目标和复杂影响，其治理具有"例外"特征和"特殊的管理体制"，甚至涉及国家体制（State dirigisme）层面（Hu et al.，2018；乐云等，2017；李永奎，2017）。因此，重大工程项目治理机制必须能够适应于特定的项目和情境，以处理涌现的复杂性（Li et al.，2017）。然而，当前关于我国工程项目治理的研究主要以定性研究为主，且研究内容聚焦于市场治理手段，主要包括合同治理和关系治理两个维度（严玲等，2016）。一方面，这些研究尚未聚焦于重大基础设施工程领域；另一方面，这些研究未考虑我国重大工程组织根植于我国独特的体制及制度情境之中的特殊性，有意或者无意地忽视组织内或组织间行政指令治理机制，导致相应研究结果在重大工程项目情境的解释力不足。

综上所述，在"一带一路"及"工程走出去"的战略背景下，我国会面临越来越多的重大工程，和一般性建设工程不同的是，这些工程所面临的制度差异很大，由此所导致的项目风险也更大（方炜等，2017）。因此，研究基于制度理论的重大工程治理机制，有着特别重要的理论和现实意义。本书拟结合我国重大工程项目的制度情境，基于制度理论（Institutional Theory）、情境理论和项目治理等理论，综合采用扎根理论的全景式质性研究法、问卷调查与结构方程模型的实证研究方法，构建重大工程项目治理机制框架，分析其对项目成功的影响机理，从而探索重大工程项目治理策略，为提高项目治理绩效提供理论指导。

1.2 研究意义

本书旨在基于国内外现有项目治理理论，借鉴现有关于合同治理机制与关系治理机制的研究成果，结合重大工程项目特有情境特征，从而探索不同项目治理机制对项目成功的影响作用路径。为此，首先需要界定重大工程项目中所采用的治理机制框架。通过文献分析、专家访谈和案例研究，本书认为，除了传统研究的合同治理和关系治理外，重大工程项目的治理机制的构成还有一种来自重大工程最终业主——政府方的行政治理机制发挥积极的作用。本书采用质性研究和实证研究方法，进一步厘清各个维度的治理机制所包含的具体机制内容，即构成维度；然后，通过量表开发获得各项目治理机制、治理绩效以及项目成功的测量指标体系，并进一步采用结构方程模型方法对理论模型开展实证研究，最终探索出重大工程项目治理机制对项目成功的影响机理。

研究重大工程项目治理机制以及对项目成功的影响机理具有重要的理论与实践意义。理论上，本书将考虑重大工程项目特有的制度情境特征，基于合同治理和关系治理的范畴，加上政府主导下的行政治理机制，从而构成更为完整的重大工程项目治理框架；此外，本书将通过实证研究的方法探索重大工程项目治理过程中合同治理、关系治理和行政治理之间的交互作用及其对项目成功的影响作用，以提高重大工程情境下项目治理理论的解释力。总之，本书研究结论在一定程度上丰富了项目治理的理论，完善了相关研究范畴，拓展了治理理论在重大工程领域研究的内容。实践上，重大工程项目投资规模大、建设周期长、技术复杂并涉及更多的利益相关者群体。重大工程项目通常还具有政府主导作用等特征，这些特点都决定了研究重大工程项目治理机制具有重要的实践价值。因此，通过揭示不同项目治理机制对项目成功的影响作用，一方面可以为重大工程项目各参建方开展更好的项目治理工作提供参考依据，另一方面也可以为政府及相关部门、行业机构推进重大工程项目微观制度环境的建设提供借鉴。

1.3 研究内容、方法与技术路线

1.3.1 研究逻辑与研究内容

1. 研究逻辑

本书的研究对象是重大工程项目治理机制，拟基于重大工程项目治理机制框架的构建及“治理机制—治理绩效—项目成功”影响机理的研究体系，讨论三个核心问题：①重大工程项目治理机制具体包含哪些治理机制？②重大工程项目治理机制各维度之间存在何种关系？③各治理机制对于治理绩效和项目成功的影响作用机理和路径是怎样的？本书的研究逻辑在于：重大工程项目治理现象作为较为复杂且不属于传统的项目管理范畴，涉及重大工程项目特有的政府主导作用和我国独特的重大工程制度情境，作为一项探索性研究，采用专家访谈、案例研究和文献综述甄选研究问题，亦即从重大工程项目客观实践出发，可以清晰地界定研究对象，确保研究问题源自重大工程项目实践，并与之实现良好的映射关系，有助于从理论研究回归和指导项目实践；从定性研究角度出发，基于典型案例和文献综述，初步构建项目治理机制框架；结合问卷调查，对定性框架进行因子识别以进一步实现量化；通过探索项目治理机制对项目成功的影响作用路径，可以充分体现项目治理机制对项目实践的客观价值和重要性。

综上，本书研究内容的逻辑关系为：①治理机制的框架构建。基于文献综述、重大工程项目典型案例和专家访谈界定研究对象，属于定性研究；②治理机制的因子识别。基于文献问卷调查进一步识别项目治理机制的因子，属于量化研究；③治理机制的差异特征分析。基于受访者特征和项目特征，刻画研究对象的特征；④治理机制的影响机理研究。通过实证研究项目治理机制对项目成功的影响作用，属于治理机制的效果研究。

2. 研究内容

（1）重大工程项目合同治理、关系治理和行政治理三维治理机制框架的构建

基于重大工程项目情境特征分析，采用质性研究法构建重大工程项目治理机制的三维架构（CG，RG，AG）。具体研究内容分解为：①分析重大工程项目情境特征；②采用扎根理论构建法对行政治理机制进行探索性研究，得出行政治理机制包括政策决策、政府监督、政府协调三个维度；③通过内容分析和专家访谈法对合同治理机制和关系治理机制进行优化研究，得出合同治理机制包括风险分担和收益分配两个维度，关系治理机制包括信息共享、共同解决问题和文化建设三个维度。

（2）重大工程项目治理机制的构成因子识别，并开发和验证量表

基于上述（1）中构建的重大工程项目治理机制三维框架，设计调查问卷，采用探索性因子分析法识别重大工程项目治理机制的六个因子，包括风险分担、

收益分配、关系维护、文化建设、政府监管和政府协调等机制，并开发了量表，进一步对量表进行信度和效度检验。

（3）受访者特征和项目特征对重大工程项目治理机制的差异性特征分析

采用独立样本 T 检验分析或单因素方差分析法，分析受访者特征以及项目特征在重大工程项目治理各维度的差异性特征，进一步认识重大工程项目治理机制的特征。具体研究内容分解为：①利用均值绘制雷达图，分析不同受访者特征与项目特征在项目治理各维度的差异；②采用独立样本 T 检验分析或单因素方差分析法，分析其差异是否达到显著；③根据项目治理的均值折线图，分析不同特征在项目治理的差异。

（4）重大工程项目治理机制对项目成功影响机理的实证研究

本书研究的重点是重大工程项目的合同治理、关系治理和行政治理之间的联系及其对项目成功的影响机理。研究内容具体包括：①基于所识别出的重大工程项目治理机制的各项构成维度，结合治理绩效、项目成功的研究成果进行理论推演，构建重大工程项目治理机制对项目成功的影响机理的假设模型“治理机制—治理绩效—项目成功”；②对合同治理、关系治理、行政治理、治理绩效、项目成功等变量测量体系开展验证性因子分析；③运用问卷调查和结构方程模型对研究假设开展验证和讨论，分析合同治理、关系治理和行政治理之间的相互作用，揭示各治理机制对治理绩效和项目成功的影响机理。

1.3.2 研究方法

本书作为重大工程这一复杂社会领域的探索性研究，涉及多种研究理论与方法的交互使用，研究内容多，过程较漫长，研究过程需严格遵守学术研究的规范性和可操作性。因此，需要在不同的研究层次上明确研究设计的关键要点和实施策略，即需要设计研究思路、甄选研究问题、确定研究策略、拟订研究计划以及相应的数据分析与处理技术（Saunders et al.，2009；孟晓华，2014），其中，Saunders et al.（2009）将这一研究设计过程比喻为洋葱，后续很多学者（白胜，2017；孟晓华，2014）结合各自情况对洋葱图进行不同程度的改进和演绎。结合已有研究方法，形成了本书的研究方法设计思路，如图 1-1 所示。

1. 研究哲学与推理逻辑

本书立足于开展客观中立的实证研究，目的在于从实践中的客观现象出发，识别重大工程项目治理机制框架，并刻画项目治理机制的特征、相互作用及影响

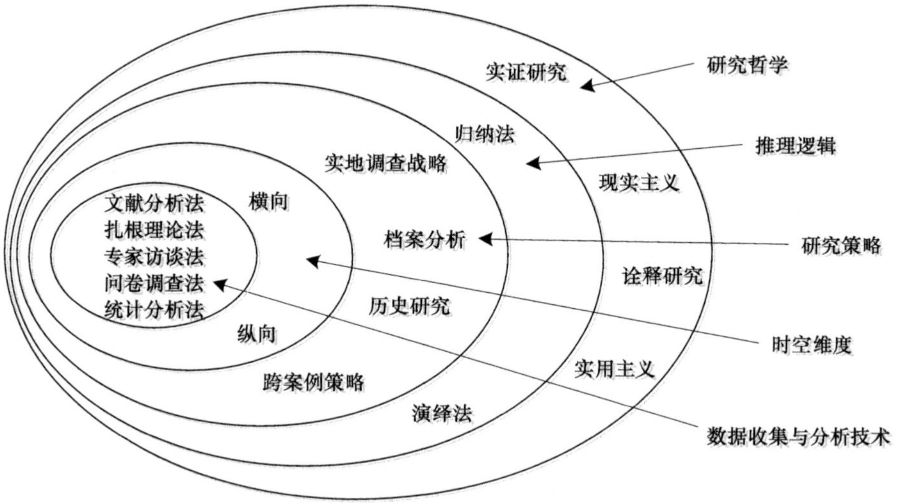

图 1-1　研究方法设计

机理等关键问题。在理论框架设计过程中，主要基于项目治理理论，运用归纳与演绎相结合的多案例研究方法和数据分析与质性文本分析相结合的双向实证过程，注重研究的系统性逻辑关系，努力实现研究内容的理论创新。在大量文献阅读与梳理的基础上，对掌握项目治理研究和重大工程领域一线的实践专家开展关于治理机制的观点和实践特征的访谈，尤其是关注治理理论研究的发展历程与最新视角，整合不同理论之间的互补性与方向性，汲取最为切合我国情境下重大工程项目实践的观点与依据，结合当前我国重大工程领域的客观现实，形成重大工程项目治理的理论观点。

在研究框架设计过程中，采用文献综述和行业实践专家访谈的方法，重视理论与行业现状的结合，首先基于文献综述提出理论框架设计和问题清单，然后通过行业专家访谈对理论框架设计进行修订，进而凝练和深化研究问题中切实影响项目实践的关键点，形成本书最终的研究框架，避免理论研究与重大工程实践间的脱节。

在构建重大工程项目治理机制框架的过程中，按照探索性研究逻辑，采用归纳与演绎相结合的质性研究方法。其中，对于目前研究比较欠缺的行政治理机制，主要采用归纳推理研究法，结合其一般步骤（观察现象—总结经验规律—解释规律的理论），采用扎根理论方法对重大工程案例资料和专家访谈资料进行梳理，从而对行政治理机制的维度进行探索性研究；而对研究比较成熟的合同治理和关系治理机制则主要采用演绎推理研究法，结合其一般步骤（阅读文献—总结文献的一致性缺口—填补缺口），采用文献分析和专家访谈结合重大工程项目情境特征进行优化研究。

基于重大工程项目治理机制的定性框架，在后续研究中进一步采用实证研究方法开展项目治理机制的因子识别、受访者差异特征分析和影响机理的量化研究，主要以演绎推理法为主，对于相关理论首先提出假设，通过实地调研、在行业实践中搜集相关数据，验证假设继而得到研究结论。

2. 研究策略与时空维度

在研究策略方面，本书采用多案例研究和实地调研相结合的研究策略，质性研究与数据定量分析相结合的研究方法。尽管多案例研究覆盖了多个重大工程项目，但本书在时空维度上整体属于横向静态研究，侧重揭示特定对象的潜在规律，采用重大工程领域项目实践的横切面数据，从个案到一般地定性构建项目治理机制框架，然后进一步量化研究识别治理因子，分析差异性特征和影响作用机理。

3. 数据收集与分析技术

本书综合一手与二手数据，以文献分析与文献计量、扎根理论研究方法、专家访谈法、问卷调查法和统计分析法等为主要分析工具。

（1）文献分析与文献计量

文献分析法是本书研究最基本方法。目前项目治理理论的文献众多，本书深入分析和梳理项目治理机制以及合同治理和关系治理的文献，奠定研究的理论基础。进一步，本书研究对国内项目治理相关文献开展了基于 CiteSpace III 软件的文献计量分析，以期更精准地把握该领域已发表文献的研究现状。

（2）扎根理论研究方法

本书采用扎根理论研究方法，通过对六个重大工程案例和半结构化专家访谈资料开展分析，经过三级编码及理论饱和度验证，得出了重大工程行政治理机制的内容结构体系，形成了后续理论分析、假设提出以及相关变量测量的基础。

（3）专家访谈法

本书采用实践界专家访谈和学术界专家访谈相结合，探索重大工程项目治理机制的相关量表。专家访谈通过与受访者进行面对面的互动交流，可以直接获取有价值的访谈资料，有利于厘清思路、发现问题。其中，实践界专家访谈的对象是参与过重大工程项目的 8 位实践界专家，结合具体重大工程项目的实际情况，向被访谈者征询对项目治理机制的看法，作为初始指标的补充，具体包括：①行政治理机制的探索性研究。采用扎根理论方法对访谈资料开展分析，对第一阶段梳理出的项目治理机制初始指标和变量进行理论饱和度检验；②针对内容分析法梳理出的合同治理机制和关系治理机制初始因素指标，采用德尔菲专家访谈进行指标和维度的优化。进一步开展学术界深度访谈，根据第二阶段项目治理框架形成的初始量表中问题的表述方式和内容，向学术界的3名资深专家征询意见，以检验基本量表中指标设置和问题表述的合理性和可理解性。

（4）问卷调查法

本书的实证研究所需要的数据主要通过问卷调研获得，其中问卷设计包括内容分析、实务界专家访谈、学术界专家访谈和小样本预测试。调查问卷的测量题项主要源于国内外现有的成熟测量量表（结合重大工程项目情境进行了修正），还有一些题项通过扎根理论研究后形成。问卷以重大工程项目建设的行业实践者为调查对象，通过现场发放与问卷星共回收有效问卷235份。

（5）统计分析法

本书借助于SPSS和AMOS软件，采用统计分析法进行数据分析，包括：描述性统计分析、信度 / 效度检验、均值差异性检验法、探索性因子分析等。结合具体研究内容采用相对应的分析方法，采用探索性因子分析法识别重大工程项目治理机制的6个因子，从而构建重大工程项目治理机制三维框架（CG，RG，AG）；采用均值差异性检验法探讨不同受访者特征以及项目特征，包括性别、年龄、教育背景、工作年限、项目职位、项目类型、单位角色、参与阶段、项目投资及项目工期等在项目治理机制各维度的差异性，包括采用独立样本T检验分析或单因素方差分析法分析其差异是否达到显著；采用结构方程模型（structural equation model，SEM）探索重大工程项目治理机制的相互联系及对项目成功的影响机理。

1.3.3 研究结构与技术路线

1. 结构

全书共分8章，各章内容如下：

第1章，绪论。通过介绍本书选题背景，提出具体研究问题，阐述研究目的和意义；介绍了主要研究内容、研究方法和本书结构，提出研究技术路线；总结研究创新点。

第2章，理论基础与研究综述。该章通过对重大工程项目情境、项目治理理论、国内外项目治理文献综述、项目治理的内涵界定、构成类型和影响机理等相关研究进行系统梳理，从而对项目治理相关理论的形成发展、研究现状及热点领域形成整体性把握。进一步分析现有研究的局限和不足，进而形成了本书的研究空间，并为后续研究奠定理论基础。

第 3 章，研究设计与方法。基于专家访谈、扎根理论构建、问卷设计、数据收集、样本描述性统计等方面对本书的基础研究方法，从质性研究和实证研究两个方面进行了阐述。研究问题和变量的选择经过了文献综述和专家访谈的综合，实现了理论与实践的结合，从而确保研究问题的充分理论依据和客观实践基础；问卷设计经历文献综述与内容分析、实践界专家访谈、学术界专家访谈以及小样本预测试等四个不断修改和测试的步骤。

第 4 章，重大工程项目治理机制的框架构建。首先，基于重大工程项目的情境特征分析，提出治理机制框架的构建思路；其次，运用扎根理论研究方法对重大工程项目的行政治理机制的维度开展了探索性研究，明确了行政治理机制的内涵及构成维度；再次，基于已有合同治理机制和关系治理机制研究，通过内容分析和德尔菲专家访谈进行优化研究，从而确定重大工程项目的合同治理机制和关系治理机制的具体内容和构成维度。

第 5 章，重大工程项目治理机制的因子分析。基于第四章项目治理框架的定性分析，结合问卷收集的数据，采用探索性法因子分析法定量识别出我国重大工程项目治理机制的 6 个因子，并开发与检验项目治理机制量表，包括合同治理、关系治理和行政治理，实现重大工程项目治理机制框架构建的量化研究。

第 6 章，重大工程项目治理的差异特征分析。基于识别出的重大工程项目治理机制包括合同治理、关系治理和行政治理三个维度，进一步分析受访者特征，如教育背景、参与年限、项目职位等以及项目特征如项目类型、参与阶段、项目投资、项目工期、单位角色等在重大工程项目治理各维度的差异性特征，有利于进一步更好地认识重大工程项目治理的特征。

第 7 章，重大工程项目治理机制的影响机理研究。首先，分析项目治理机制、治理绩效、项目成功三个概念的关系，提出相应的研究假设并构建理论模型；其次，对项目治理机制、治理绩效、项目成功等相关变量进行验证性因子分析；再次，对构建的理论模型通过 SEM 开展实证分析，并对实证分析结果进行理论上的解释与讨论。

第 8 章，结论与展望。对重大工程项目治理机制及其影响机理的研究结果进行了全面总结，阐述了研究的主要结论，并对研究的不足以及未来研究方向进行了讨论。

2. 技术路线

本书的技术路线如图 1-2 所示。

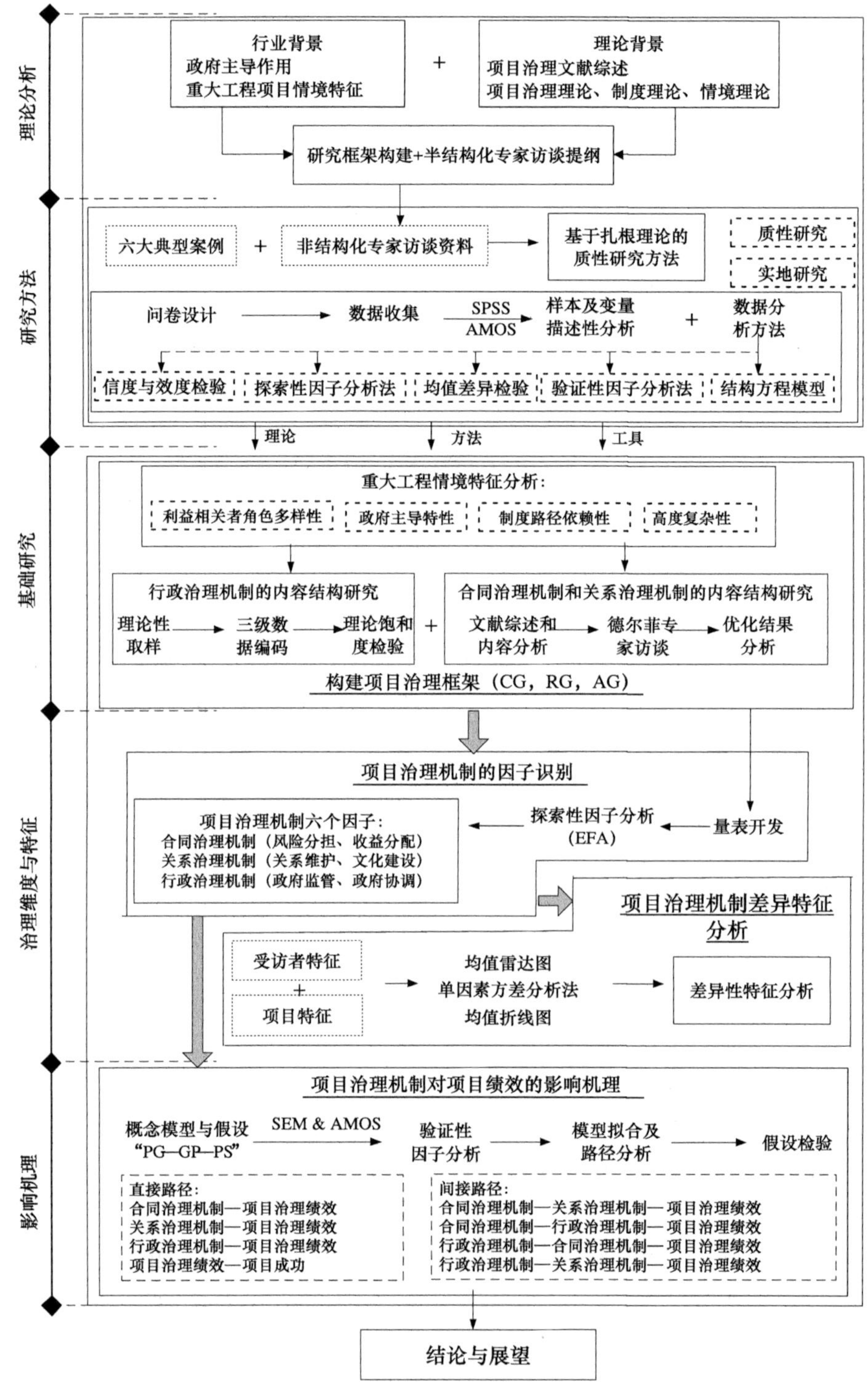
理论分析
行业背景
政府主导作用
重大工程项目情境特征
+
理论背景
项目治理文献综述
项目治理理论、制度理论、情境理论
研究框架构建+半结构化专家访谈提纲
研究方法
六大典型案例
+
非结构化专家访谈资料
基于扎根理论的质性研究方法
质性研究
实地研究
问卷设计
数据收集
SPSS
AMOS
样本及变量描述性分析
+
数据分析方法
信度与效度检验
探索性因子分析法
均值差异检验
验证性因子分析法
结构方程模型
理论
方法
工具
基础研究
重大工程情境特征分析：
利益相关者角色多样性
政府主导特性
制度路径依赖性
高度复杂性
行政治理机制的内容结构研究
理论性取样
三级数据编码
理论饱和度检验
+
合同治理机制和关系治理机制的内容结构研究
文献综述和内容分析
德尔菲专家访谈
优化结果分析
构建项目治理框架（CG，RG，AG）
治理维度与特征
项目治理机制的因子识别
项目治理机制六个因子：
合同治理机制（风险分担、收益分配）
关系治理机制（关系维护、文化建设）
行政治理机制（政府监管、政府协调）
探索性因子分析
(EFA)
量表开发
项目治理机制差异特征分析
受访者特征
+
项目特征
均值雷达图
单因素方差分析法
均值折线图
差异性特征分析
影响机理
项目治理机制对项目绩效的影响机理
概念模型与假设
“PG—GP—PS”
SEM & AMOS
验证性因子分析
模型拟合及路径分析
假设检验
直接路径：
合同治理机制—项目治理绩效
关系治理机制—项目治理绩效
行政治理机制—项目治理绩效
项目治理绩效—项目成功
间接路径：
合同治理机制—关系治理机制— 项目治理绩效
合同治理机制—行政治理机制— 项目治理绩效
行政治理机制—合同治理机制— 项目治理绩效
行政治理机制—关系治理机制— 项目治理绩效
结论与展望

图 1-2 研究技术路线

1.4 研究创新点

创新点之一：首次界定了基于中国重大工程情境的项目行政治理机制的内涵和测量维度。

传统项目治理研究更多地关注于基于市场交易的治理，即通过合同治理机制和关系治理机制调节市场交易主体间的项目建设行为，以避免投机，产生合作，并最终保证项目成功。但在我国重大基础设施项目的治理过程中，有独立于合同治理和关系治理，来自业主方或其母体组织——政府的第三种治理力量，发挥着巨大的治理作用，强有力地推进了项目建设的进程，提升项目绩效。鉴于我国政府主导下的重大工程项目情境特征，本书首次界定了行政治理机制的内涵，并采用质性研究方法对政府主导作用下的重大工程项目行政治理机制的构成维度进行了探索性研究，具体包括政府监管机制和政府协调机制。

创新点之二：构建了重大工程项目治理机制的三维框架（CG，RG，AG）。

目前对合同治理机制和关系治理机制研究较为成熟，但未考虑我国重大工程项目情境，未能形成完整的治理框架，且量表指标的拆解也主要基于实效和经验，没有进行检验。本书对已有合同治理和关系治理的研究成果映射到我国重大工程项目情境进行优化，并对行政治理机制进行了探索性研究，从而构建了重大工程项目治理机制的三维框架，并进一步识别和验证了重大工程项目治理机制的6个因子，从而构建了较为完整的重大工程项目治理机制框架（CG，RG，AG），包括合同治理机制、关系治理机制和行政治理机制。

创新点之三：论证了重大工程项目合同治理、关系治理和行政治理之间的相互作用机理。

合同治理与关系治理的相互作用关系是现有研究的关注焦点之一。有的研究者认为两者之间是互为替代的关系，另一种观点则认为两者是相互补充的关系。但是，已有研究结论都是基于联盟和供应链等组织情境获得，目前尚无重大工程项目范畴下项目治理机制间相互关系的研究。本书采用实证方法论证了重大工程项目中合同治理机制、关系治理机制与行政治理机制之间的互补性关系。

创新点之四：实证分析了重大工程项目合同治理机制、关系治理机制与行政治理机制对项目成功的影响机理。

现有项目治理机制的影响机理研究内容主要侧重分析项目治理与项目绩效改善的影响作用，未考虑重大工程项目特殊情境，更未见探讨重大工程项目情境下治理机制对项目成功的影响机理的研究文献。本书基于理论研究假设，采用实证研究法论证了重大工程项目情境下治理机制对治理绩效以及项目成功的影响作用路径，即“治理机制—治理绩效—项目成功”。研究表明，合同治理机制、关系治理机制和行政治理机制都与项目治理绩效存在正相关关系，项目治理绩效对项目成功也具有显著正向影响作用。

1.5 本章小结

作为整个研究的导论，本章首先阐述了研究背景，即现有项目治理理论缺乏对我国重大工程项目情境的研究，难以解释我国重大工程项目治理实践所取得的成功。在此基础上，提出了重大工程项目情境下项目治理机制以及对项目成功的影响机理研究问题。其次，对本书的研究内容和研究方法进行了详细阐述，具体研究内容从重大工程项目治理机制的框架构建、项目治理因子识别、差异性特征分析以及重大项目治理机制对项目成功影响机理的实证研究方面展开。再次，对全书的研究结构和技术路线进行了描述。最后，总结本书创新点。

第 2 章　理论基础与研究综述

2.1　重大工程项目情境及治理理论基础

2.1.1　重大工程项目情境研究

关于政府对重大工程项目的作用研究，Levitt（2011）认为，政府在重大工程建设中的角色及重要性是不可取代的。在基础设施领域，政府必须起到引导作用（ASCE，2009）。文献认为，政府对资源的控制（Child & Tsai，2005）、政府的直接干预（Scott et al.，2011）等都会对重大工程项目或工程组织模式造成影响。因此，组织结构创新与政府要素具有相互关系，如 Jooste & Levitt（2009）就探讨了 PPP 模式对政府角色和职能的影响，尹贻林等（2010）也认为，政府投资项目组织模式创新需要考虑政府、制度、社会等外围环境因素。

关于制度情境与工程组织模式关系的研究，主要从权变理论、资源依赖理论和制度理论（Scott，2012）等三种视角展开，尤其是制度理论研究指出，大型工程组织管理需要考虑行政、市场以及综合作用（Ruuska et al.，2011），如果工程组织模式与制度环境不匹配，会导致冲突争议、项目延误和许多意外事件的发生，甚至导致项目被取消等情形（McAdam et al.，2010；World Bank，2006）；即使相同的工程组织模式，在面对不同的政治体制、产业结构、地方制度体系以及不同的历史文化时，也会产生显著的差异（Chi & Javernick-Will，2011）。英国的巨项目研究中心在 2010 年通过对 10 个国家或地区的 30 个高铁、高速公路、地铁、隧道等项目的研究指出：制度环境要素对保证工程可持续性起到关键作用，需要政府层面制定政策整合公共部门及私人投资组织的资源（Omega Centre，2010）。

面对政府投资的大型建设工程的新特点，近年来国内外学者对项目治理理论进行了广泛研究（贾广社等，2010），其中以交易成本理论和委托代理理论为主要的理论基础。交易成本理论（transaction cost economics，TCE）认为，治理机制就是一种制度安排，用于对交易过程涉及的专用性投资，不确定性和交易频率所导致的交易双方机会主义行为的可能性进行约束，从而达到最大化节约交易成本的目的。交易成本驱动因素具体包括：偶然性因素（如资产专用性），行为因素（如有限理性和机会主义）和情境因素（如制度情境）（Williamson，2010）。此外，在项目管理的情境中，委托代理理论（Principal-agent theory）常被用来分析项目临时组织内部的结构，从而提出不同的项目管理组织有不同的治理机制和治理结构（Biesenthal & Wilden，2014）。

2.1.2 项目治理理论基础

1.代理理论

代理理论（Agency theory）是基于其在企业治理系统形成过程中高度的影响力而发展出的一个"传统"的财务和经济学理论视角（Eisenhardt，1989）。代理理论假设委托人在如何控制和激励代理人按照委托人的最佳利益来行动方面存在困难。一个典型的例子就是企业经营过程中所有权和控制权的分离问题，它是组织的一个基本问题（Jensen and Meckling，1976）。这种分离是缺位的或遥远的拥有者 / 利益相关者（即委托人）雇佣专业管理者（即代理人）来代表他们的利益而行动的一种结果（Eisenhardt，1989）。因为委托人需要授予代理人一定程度的决策权力，这就产生了因为信息不对称而导致的与利益冲突、道德风险相关的一些问题（Williamson，1988）。基于新古典经济学的观点，构成这个理论的基础性假设就是代理人可能是利己的，而且会采取机会主义行为，而不仅仅代表委托人利益（Eisenhardt，1989）。为了解决或减轻这个问题，委托人会产生"代理成本"（Jensen and Meckling，1976）。这些成本是为了创造基于产出的激励系统这样一种需求而产生的，这种系统可以将委托人和代理人的利益统一起来（例如，基于绩效的合同）。更进一步，成本还会因为执行对代理人行为的监督和控制等的治理机制而产生，以防止代理人滥用委托人利益。在项目管理的情境中，这个理论经常被用于描述项目拥有者和项目经理之间的关系（Turner et al.，2010）。

2.交易成本经济学

交易成本经济学（TCE）关注于机会主义行为（可能是利己主义行为驱动的组织行为产生的）发生的可能性和降低成本的追求（Williamson，1979）。为了最小化产品或服务的总成本，不同种类的成本（例如生产成本，寻找成本或信息成本）必须在对供应商、外包、企业并购和任何公司间合作以及合同签订的决策前纳入考量。因此，TCE 可以对理解治理和组织决策提供帮助。从最初源头上看，

Williamson（1975）列出了交易成本的驱动因素：偶然性因素、行为因素、情境因素。一个组织控制和降低这些因素的能力——通过合同协议，联盟内的风险分担——可以最小化交易成本并因此决定一个合适的治理结构（Winch，2001）。在项目治理情境下，这个理论可以用来描述选择承包商和供应商的过程（Winch，2001）。

3.利益相关者理论

利益相关者理论（stakeholder theory）在利益相关者的利益的首要性方面挑战代理理论，它基于社交导向的视角（Jones and Wicks，1999）。这种理论认为，项目应该在考虑所有利益相关者的利益条件下进行管理，包括雇员、供应商、客户、当地社区与环境，乃至社会大系统（Sharpe，1997）。因此，利益相关者理论一般认为，涉及的各方利益相关者的需求应该得到平衡（Donaldson and Preston，1995）。这些来自多元利益相关者的需求可能是各种各样的，从单纯的财务目标（例如投资回报率）到企业的社会绩效衡量（例如企业作为雇主的吸引力和它所产生的信誉），甚至是社会经济的转型发展。满足利益相关者的所有利益需求是具有挑战的，因为社会目标和财务绩效之间往往存在潜在的制约关系。因此，基本的治理机制应该找到一条途径来化解这个矛盾。利益相关者理论认为，组织绩效依赖于组织对以下因素的理解：关键的业务和竞争力驱动因素；战略思维的能力，与利益相关者有关的沟通和领导技能。根据利益相关者理论，项目治理是帮助项目团队理解和应对各种各样利益相关者群体的基础性战略工具。

4.现代管家理论

现代管家理论（Stewardship theory）和代理理论相比，提供了基于心理学和社会学的另一种人类行为描述。这种理论假设，并不是所有人类行为都是由自私自利所引导的，组织的一些成员（管家）显示出集体主义的而不是利己主义或自私的行为（Davis et al.，1997）。这些管家即使在自身和委托人之间存在利益冲突的时候，也不仅仅从自身利益出发来采取行动，这就为关系治理机制提供了基础（Davis et al.，1997）。现代管家理论认为，管家和利益相关者双方都有兴趣建立最大化公司长期绩效的一种合作关系，这个动机和目标很好地统一了管家和利益相关者的利益。更具体一点，现代管家理论反对代理理论认为的个人在公司行为中仅仅为了追求到更大的私人利益（Donaldson and Davis，1991）。一个管家相信他的价值会随着组织绩效的提升而增加并得到保障。因此，管家追求提升组织绩效来最终提高自己的地位。所以，现代管家理论的主要概念包括身份认同、内在激励、长期参与和信任（Davis et al.，1997）。现代管家理论应用于项目治理情境，利益相关者可以通过授权给项目经理来获得更好的服务。

综上所述，交易成本理论和代理理论通常只关注两方的交换或者代理关系，而不是多方安排。重大工程项目通常涉及多个市场主体，有的项目实施过程中签订的合约数量达到数百份之多，这就形成了一系列复杂的、相互依赖的交易所构成的集合。研究表明，项目治理是一个涉及太多方面而且交易过程异常复杂的现象，它无法仅仅用单个的理论视角来分析解读。可以看出，项目治理理论涉及很多理论，如委托代理理论、交易成本理论、利益相关者理论、现代管家理论等（骆亚卓，2011；颜博，2012）。Biesenthal and Wilden（2014）探讨了各种治理理论与项目治理的关系，发现除了与交易成本理论有显著联系，项目治理研究文献在很大程度上独立于一般性的企业治理研究文献而存在，它们并没有明显建立在一般性治理理论的基本假设之上。即不是现有的所有治理理论都被应用于项目治理情境，或者说，即使他们被使用的话，程度也是差异很大的。他们还提出，委托代理理论和利益相关者理论相比其他理论更大程度地被在项目治理情境下的研究所采用。

一些学者认为项目治理是一种多层次现象（Biesenthal and Wilden，2014），包括项目治理和项目集治理（program governance）两个方面。不同的分析层级需要不同的治理模型以及潜在的治理机制，它还高度依赖于组织情境，以及项目本身的属性和它运作的方式（O’Leary，2012）。在单个的项目层次，项目治理主要关注于确保“项目在正确的方式下交付正确的产物，并保证产物会交付预期的效益”（Turner et al.，2010），项目的目标和绩效衡量都更倾向于短期化和目标导向。在单项目层级这种情境下，交易成本经济学和代理理论是解释和分析项目治理的更好的框架。而利益相关者理论和现代管家理论在以更高层次组织为特征的项目（集）治理的概念形成过程中得到很好的应用（也就是说长期导向和战略绩效）。这种治理形式下，信任、互利和战略目标成为治理的主要驱动力。换句话说，“委托人（或主要利益相关者）和经理人之间必须存在一种信任文化，才可以支持这种方法”（Mason et al.，2007）。项目治理的现代管家理论认为，项目投资人和拥有者信任并授权给项目（或项目集 / 项目组合）经理，使之以最佳利益角度出发采取行动并成功地交付项目。

综上所述，一方面，项目治理理论虽然起步较晚，但已经得到了广泛的研究，甚至出现了“理论丛林”现象。但是，当前的项目治理主要针对单个项目、单个公司、多个公司以及大型工程开展的研究，针对我国具有特殊制度情境的重大工程项目治理研究较少；另一方面，国外学者在应用制度理论研究重大工程组织问题方面取得了一些成果，但缺乏针对中国情境的相关研究。此外，当前的文献更多地聚焦于理论探讨，实证研究少之又少，应用于重大工程治理的实证研究则几乎没有。然而，重大工程项目的复杂性特征，以及中国特有的政治经济体制和法律环境的特殊性，使得重大工程不能直接照搬国外经验，需要走出一条符合我国情境的重大工程治理道路。因此，发展适合我国重大工程项目情境的情境式项目治理理论具有重要的理论意义与实践意义。

2.2　重大工程项目治理国内外文献现状

2.2.1　国外项目治理研究现状

治理的概念很早就被提出，其理念被充分地扩展到政府、公司等研究领域。而项目治理概念提出的时间则要晚许多。21 世纪以来，项目治理的研究越来越得到项目管理专业学者们的广泛重视。2014 年，项目管理领域内高水平学术期刊 *International Journal of Project Management* 专门开设“项目治理”专刊，探讨项目治理理论的发展及未来方向（刘常乐，2016）。其他的项目管理学术期刊关于项目治理的论文也如雨后春笋般涌现。但总体而言，到目前为止，仍只有一小部分学者关注治理在项目管理领域中的应用，对于项目治理进行系统性研究、实证研究则更是少之又少。

国外关于项目治理的研究可以分为两个截然不同的研究流派（表 2-1），一个流派认为，项目治理是一种相对独立于具体项目之外的过程（即外部性项目治理流派）；另一个流派则认为，项目治理是一种具体项目内部的过程（即内部性项目治理流派）（Ahola et al.，2014；Biesenthal and Wilden，2014）。其中，前一种流派的思想根源主要来自项目管理领域研究本身，而后一种流派的思想根源除了来自项目管理研究领域，还来自交易成本理论。借鉴 Ahola et al.（2014）的研究成果，可以从两个方向对项目治理的研究进行划分：一是多项目治理（governance of projects），即从项目的上级组织视角进行界定，可以将项目治理看作是上级组织对下属任一个项目的治理，因为大多数情况下项目型企业往往同时会承担多个项目；二是单项目治理（project governance），即从项目本身的内部视角进行界定，可以将项目治理看作是项目参与各方对某个特定项目的治理过程。

表 2-1　国外项目治理的研究流派（来源 Ahola et al.，2014）

作者（年份）	治理的含义	基于治理视角的主要贡献
将项目治理视为特定项目外部性的文献		
Turner & Keegan（2001）	治理结构的选择受到管理承包商和业主之间、项目各阶段之间、不同参与主体之间存在的相互依赖的需求的影响	描述项目型组织采用治理机制作为管理项目团队和客户之间界面的手段，并讨论两个这种界面中采用的重要角色：掮客和管家
Association for Project Management（APM）（2004）	项目治理理论主要关注企业治理理论中明确适用于项目活动的那部分内容。项目管理的有效治理确保项目与组织目标保持一致，并保证项目能被成功交付	提供一种企业应如何从总体上监控其下属项目的视角
Turner（2006）	采用有机发光半导体（OLED）提供的项目治理的定义	讨论项目治理和项目管理的本质属性
Müller & Stawicki（2008）	采用 APM 提供的项目治理定义	提供组织由流程导向提升到项目导向的一种三阶段路线图
Crawford & Cooke-Davies（2009）	项目成功与有效的项目治理有关	强调在大型公共投资项目治理中（关注）用户需求和设定清晰项目目标的重要性
Williams et al.（2010）	采用 OECD 的公共治理的定义和 APM 的项目治理定义	强调四个被实证观察下的公共项目案例中治理结构的差异
将项目治理视为特定项目内部性的文献		
Reve & Levitt（1984）	项目治理结构与合同类型（结构）相类似，这种相似性适用于正式合同和关系合同。实施中，存在两种项目治理模式：双边治理和三边治理，它们将在项目的专业性程度很高和关系具有自身价值的情况下出现	文章认为，施工承包合同是一种治理项目交易的机制。在施工项目的情境下应用交易成本理论
Winch（2001）	治理的过程或许可以从微观和宏观两个层次进行分析。前者指一项交易如何在参与者之间开展，后者指更宽广意义上的系统性或社会性的制度与实践	聚焦于治理的微观层面分析，提出一种面向工程全寿命期各个阶段和全部参与方的，有助于进行建筑工程项目治理研究的概念框架
Turner & Simister（2001）	如何采用适当的合约形式来治理业主和承包商之间的关系由两个因素决定：商务挑战（包括参与者面临的不确定性级别等）和主流商务文化	讨论基础设施项目中，项目特征与合同结构如何影响理想治理结构的选择。认为项目合同的目的在于创造一个合作的（虚拟）组织，在这个组织中参与各方被激励来实现共同的目标
Miller & Hobbs（2005）	认为大型项目需要建立一套特殊的治理体制来适应项目特征和（复杂）情景，如果没有这种治理体制将增加项目面临严重问题的可能性	提供一种发展大型复杂项目治理体制的框架。项目治理体制是一种涉及多个关键项目参与方的自组织并随时间演化的结构
Olsen et al.（2005）	一个治理结构包括诸如合同激励机制、基于授权的等级机制和关系或信任机制等内容。治理结构与项目交易成本有关	聚焦于使用合同、关系规范和行政控制等作为治理机制来处理涉及多参与方的复杂采购。强调各种治理机制间相互作用的重要性
Winch（2006）	项目被视为由一系列法规与组织的安排所治理的内部和外部规则的结合体。交易被一种由制度层、治理层和行为层共同构成的三层治理系统所治理	更进一步，发展一种项目治理的框架

续表

作者（年份）	治理的含义	基于治理视角的主要贡献
Abednego & Ogunlana（2006）	治理被定义为做出决策过程和执行决策的过程	讨论 PPP 项目情境下的项目治理和与项目治理相关的挑战
Aaltonen & Sivonen（2009）	被界定为利益相关者管理，如利益相关者的识别和分类，以及管理途径规划都可以被理解为大型项目治理结构的必要元素	讨论大型项目如何持续面临可能蕴含项目治理结构的外部制度性压力。同样，也讨论了应对这些压力的策略
Artto & Kujala（2008）	项目是一种需要特定治理机制的开放复杂动态系统	项目治理 / 管理的方法应该根据项目环境的具体特征进行定制。更进一步，项目治理结构包括项目参与方之间的关系管理
Bredillet（2008）	治理被定义为决策和管理中的绩效和责任	提供一个从微观、中观和宏观三个层次分析和治理项目的模型
Brady et al.（2007）	讨论诸如风险和收益共享等几个关于项目参与方合作的关键因素，以保证项目交付的绩效	突出强调发展新的或改进的项目过程作为大型项目治理结构要素的重要性，这些项目过程包括管理供应链、标准化和预制、集成团队工作等。强调了组织和个人在大型项目中学习的重要性
Ruuska et l.（2009）	项目治理包括项目实践、利益相关者的分配原则、文件流转程序、沟通和合同安排	认为多企业参与的项目在治理方面面临的许多挑战可以从企业之间的多种维度上的距离概念得到解释。发展一种从公司属性、网络属性和项目实践三个维度的“距离”概念的模型

2.2.2　国内项目治理研究现状

研究发现，要提升项目绩效，仅仅重视项目管理方法、技术等管理层面的改进与提升是不够的。近十几年以来，随着国际上项目治理研究的不断兴起，使得人们将对中国工程管理研究的兴趣从项目管理层面引向制度环境层面，随之，对我国工程项目治理的研究也悄然兴起。国内关于项目治理的研究从 2004 年时的萌芽，到现在快速发展，期间取得了不错的进步（严玲等，2016）。通过对 CNKI 数据库中 105 篇项目治理研究文献按年代变化进行时间分布分析，如图 2-1 所示。可以看出，在观察期内（2004—2016 年），国内项目治理研究相关文献总体上呈现出曲折上升的趋势。为更加深入认识国内项目治理研究的现状，本书运用信息可视化软件 CiteSpace III 对所搜集的 105 篇国内项目治理研究的文献进行聚类分析和共引分析（附录 1）。

1. 合作网络分析

合作图谱可以为评价科研人员、国家或研究机构的学术影响力提供一个新的量化工具，通过分析某个研究领域的学者、国家或研究机构之间的社会关系，可以协助识别该领域值得关注的科研人员、国家或研究机构（陈超美等，2009）。

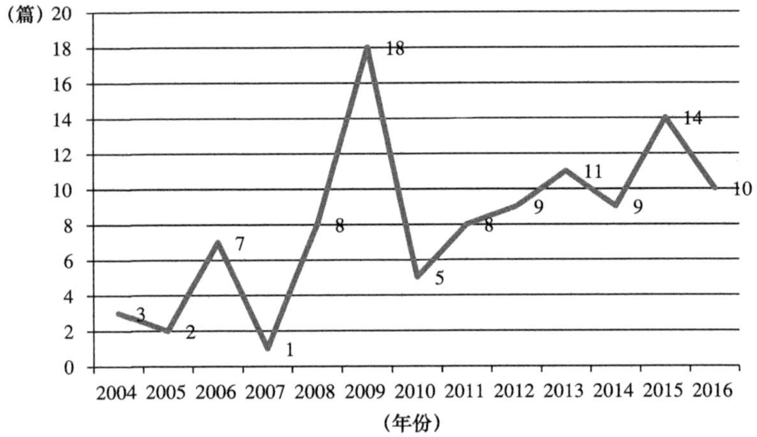

图 2-1　项目治理研究文献的年度分布

在使用 CiteSpace III 软件生成的机构合作的科学知识图谱中，作者共选择出 85 个机构以及机构之间的 40 条连线，如附图 1-1 所示。图中最引人瞩目的项目治理研究机构是山东大学管理学院与天津理工大学管理学院，从数据上看，这两家机构走在项目治理研究的前列，成为合作机构网络的中心。除此之外，河海大学商学院、天津大学管理学院、中国制造业发展研究院、河海大学工程管理研究所、南京信息工程大学经济管理学院也都发表了数量较多的论文。

在 CiteSpace III 软件生成的作者合作科学知识图谱中，本书共选择出 152 位作者以及作者之间的 111 条连线，如附图 1-2 所示。可以看出，发文量最多的是严玲与丁荣贵，与分析的机构合作情况基本一致。严玲来自天津理工大学管理学院，丁荣贵来自山东大学管理学院。

文献被引用量及网络聚类分析如附表 1-1 所示。聚类分析结果显示，严玲、尹贻林、严敏、邓娇娇都属于聚类 #0，丁荣贵、孙涛属于聚类 #2，刘兴智、王彦伟属于聚类 #1，谷晓芬、彭本红属于聚类 #7。结合作者所在机构情况可以看出，严玲合作网络包括尹贻林、严敏、邓娇娇，所在机构为天津理工大学与天津大学；丁荣贵团队包括刘兴智、王彦伟、孙涛，所在机构为山东大学。此外，南京信息工程大学经济管理学院彭本红团队在该领域表现也较为活跃，包括团队成员谷晓芬。通过对文献的追踪分析，发现严玲团队的研究多针对公共项目和政府投资项目，聚焦于治理机制和模式、治理绩效度量等；丁荣贵团队的研究多聚焦于项目治理的本质内涵、项目治理的关系网络、利益相关者等。

2. 研究热点分析

共词（特征词或关键词）图谱更有助于分析研究热点及其演变，尤其是在配合突现词（burst term）功能使用的时候（陈超美等，2009）。通过分析研究主题的分布及演化，可以详细描述不同时序内的热点领域、分析视角、研究方法的变化规律（陈超美等，2009）。而关键词最能精炼表达研究主题，其关联性在一定程度上可以反映学科领域之间的联系。因此，本书通过关键词共现分析来评判国内项目治理研究的研究方向和热点。具体设置如下：将时间切割设置为 1a，节点类型选择关键词，阈值选择 TOP50，运行 Citespace III 得到关键词共现网络图谱（附图 1-3）及关键词分布表。修剪后的图谱共包含关键词节点 298 个，连线 301 条。Q=0.8212，S=0.9044。

项目治理的关键词网络划分为 16 个聚类，其中最大的六个聚类如附表 1.2 所示。最大的聚类（#0）为“项目管理”，包括 28 个成员，silhouette 值为 0.877；第二聚类（#1）为“选择方式”，包括 27 个成员，silhouette 值为 0.844；第三聚类（#2）为“关系风险”，包括 20 个成员，silhouette 值为 0.907；第四聚类（#3）为“组织战略”，包括 20 个成员，silhouette 值为 0.977；第五聚类（#4）为“基本建设领域”，包括 19 个成员，silhouette 值为 0.794；第六聚类（#5）为“公司治理”，包括 19 个成员，silhouette 值为 0.921。

共词图谱中关键词的出现频次与节点大小成正比（陈超美等，2009）。中心度是指一个节点的中介中心性，用来表示其在不同聚类网络中所起到的连接和过渡作用。附表 1-3 总结了出现频次高、中心度大的关键节点，可以在一定程度上代表本领域的研究焦点。项目治理出现频次最高，中心度值为 0.71。一方面，说明本书选择“项目治理”作为研究主题是合理的；另一方面，也说明学术界普遍认可“项目治理”这一表达，且也越来越重视对项目治理的研究。按出现频次高低可以将其他高频热点词汇归纳为：项目管理、政府投资项目、利益相关者、治理结构、项目目标、委托代理、工程管理、社会网络分析、项目治理结构。从这些热点词汇可以看出，目前的研究热点主要集中于以下几类：

（1）项目治理的内涵。热点词包括“项目管理”“项目目标”“工程管理”“组织战略”“委托代理”。项目治理是指在各参与方利益诉求不同且交易关系较为复杂的情况下，关注于协调项目目标和组织的总体战略相一致，以及有必要为组织各个层级上的利益相关者创造好处。总体而言，项目治理关注于交付成功的、令人满意的项目和项目集，并使得这些项目符合“它们事先计划好的对企业战略和利益相关者期望的贡献”（Biesenthal & Wilden，2014）。目前有一部分研究聚焦于通过界定项目管理与项目治理的区别和关系来界定项目治理的内涵。总体上，项目管理主要关 注于项目层面的日常运作的控制和执行（李伟，2012），而项目治理则代表一个更高的结构，定义治理多项目和达成组织战略目标的“过程”和“结构”（杨飞雪等，2004）。

（2）项目治理机制。热点词具体包括“治理结构”“项目治理结构”“利益相关者”“社会网络分析”。项目治理由各利益相关者组织层面的治理结构（governance structure）和制度层面的治理机制（governance mechanism）构成。其中，项目治理结构是指项目各参与之间责、权、利契约结构，强调项目内不同利益主体间的责任分担、利益分配和权力配置。项目治理机制主要包括：合同治理方面，强调合同的权责分配、风险分摊、有限理性以及机会主义行为等；关系治理方面，强调建立合作关系并关注项目中各方的长期关系等（Söderlund，2004）。项目治理的范畴为项目涉及的所有利益相关者，包括投资人、承包商、供应商、顾问机构等（王华和尹贻林，2004），以利益相关者的平衡为制度设计导向（杨飞雪等，2004；严玲和赵黎明，2005）。作为项目治理机制的一部分，目前研究者主要采用 SNA 方法分析利益相关者之间的关系。

（3）项目治理机制的影响机理。热点词具体包括“政府投资项目”。通过追踪相关文献，发现该类研究多与“代建制”“公共项目”“基础建设项目”联系在一起，表明项目治理的研究对象多为政府投资项目或基础建设项目。研究内容主要侧重分析项目治理、项目管理与项目绩效改善及对项目成功的关系以及影响作用。

2.3 重大工程项目治理内涵

2.3.1 项目治理的来源及内涵

治理一词源于拉丁语“gubernare”，含义是“引导”。最开始主要指对国家的“引导”，在 20 世纪 80 年代开始应用到公司组织，用于解决权力设置、管理机制以及制度建设等管理方面问题。目前，发展比较成熟的是将治理思想应用到公司这一长期性组织所形成的公司治理理论。而作为一种临时性的组织形态，项目在形成契约的过程中，往往存在契约不完备、责任权利不清楚、信息不对称、目标存在冲突等问题，治理能否解决这些问题引起了学术界的注意（方炜等，2017）。

Turner & Keegan（2001）基于治理的职能作用，并结合项目管理中出现的问题，参考公司治理理论将治理概念引入项目管理领域，因此有了项目治理理论。同时，委托—代理理论、交易成本理论和利益相关者理论等公司治理的相关理论也被应用到项目治理领域。

针对项目治理的准确含义，学者之间似乎还没有达成高度统一。结合经济合作与发展组织（OECD）对公司治理的界定，Turner（2004）将项目治理的含义界定为“项目治理提供一个用来确定项目目标、制订项目目标实现方法并进行监控绩效的手段的结构”。Turner（2006）指出，项目治理包含所有利益相关者的各种关系，包括项目投资人、项目管理者、项目承包商、业主等之间。美国项目管理学会（Project Management Institute，PMI）（2013）认为，项目治理是指项目经理和项目团队提供管理项目的结构、程序和决策模式及工具等，同时并支持和控制着项目成功交付。项目治理框架包括制订项目决策，定义角色、职责和追责机制，以及评估项目经理等主要内容。

与一般企业组织不同，项目具有临时性组织特性，且具有特定的寿命周期，基于这种角度，有学者对项目治理进行了界定。例如 Winch（2001；2006）基于 Williamson（1988）提出的交易费用理论，克服了已有研究只关注某一具体交易的局限，从微观层次对项目整个寿命周期的交易进行了治理分析，从而建立了建设项目全周期交易治理理论框架。该理论框架把业主、总承包商、建筑师、供应商等都纳入了垂直交易治理范围，包括垂直交易治理和水平交易治理两个维度。其中，水平治理强调利益相关者的利益，垂直治理则强调委托人的利益。

近年来，学者们逐渐开始关注项目中各参与方的制度设计，即项目治理机制。刘常乐（2016）将项目治理机制界定为项目治理过程中有关公司治理和交易治理的一系列正式和非正式的制度安排，项目治理机制的作用在于约束与调节项目中所有参与方的行为，从而实现预定的项目目标。Turner & Keegan（2001）提出了以交易成本为角度的治理机制，认为项目治理是一种制度框架，用以解决项目冲突并形成良好秩序，并强调了经纪人（broker）和管理员（steward）在项目组织中的角色。国内主要有尹贻林、杨飞雪、严玲等结合政府公共项目展开对项目治理机制的研究（王彦伟等，2009）。杨飞雪等（2004）认为，项目治理是一种体现项目参与方和其他利益相关者之间权、责、利关系的制度框架，从而在该框架下完成具体的项目建设。严玲等（2004）则聚焦公共项目的治理，进一步拓展了项目治理的内涵。王华和尹贻林（2004）认为，项目治理是在项目参建各方利益诉求不同而存在复杂交易关系的情况下，通过项目治理机制降低交易成本。王彦伟等（2009）将项目治理界定为建立和维护项目利益相关方之间角色关系的过程，从而为实现项目目标提供可靠、有效的管理环境。因此，组织外部利益相关方和内部职能部门都属于治理体系范围。

综上所述，关于项目治理的定义与内涵，国内外学者之间还具有不同的界定，并未形成统一的明确定论。学者们一般认为，项目治理是协助项目主要利益相关者通过责、权、利关系的制度安排来决定交易的一种制度框架。典型的项目治理含义总结如表 2-2 所示。

表 2-2　典型的项目治理的含义

作者（年份）	定义
APM（2004）	项目治理的研究范围是项目管理与公司治理之间的结合处，通过项目组合导向、项目发起者、项目管理效率、披露和报告等实现决策指导
Turner（2005，2006）	项目治理涉及项目目标的设置、目标实现的保证方式和绩效的监控模式等
Turner（2009）	项目治理提供一个用来确定项目目标、制订项目目标实现方法并进行监控绩效的手段的结构
PMI（2013）	由项目赞助人和项目团队来协调项目目标和更大的组织战略目标保持一致。项目治理被定义为并被要求适应更大的组织的项目集情境或投资组织的情境，但它又是与组织治理相分离的
Müller（2009）	治理，当被应用于项目、项目集和项目组合以及项目管理时，它共存于企业治理的框架内。它包含使得项目达成组织目标并促进所有内部、外部利益相关者和组织自身的利益的最好实现的价值系统、权责、过程和政策
严玲和尹贻林研究团队（2004—2008）	项目治理是项目参与者与其他利益相关者之间权利、责任和利益关系制度安排，从而形成完整的项目交易的制度框架。项目治理的实质是根据项目的制度安排，规范不同利益相关者之间的关系，妥善处理不同利益相关者之间的监督、激励、风险分配等问题
丁荣贵研究团队（2006—2008）	项目治理是在项目利益相关者与项目之间建立治理角色关系的过程，旨在降低项目治理角色的风险，为项目目标的实现和利益相关者的满意提供管理环境
彭本红等（2016）	项目治理被界定为项目利益相关方治理角色关系的过程，核心为降低项目治理角色承担的风险

分析表明，项目治理的核心原理在于关注协调项目目标和组织的总体战略相一致，以及有必要为组织各个层级上的利益相关者创造好处。总体而言，项目治理关注于交付成功的、令人满意的项目和项目集，并使得这些项目符合“它们事先计划好的对企业战略和利益相关者期望的贡献”（Müller，2009）。因此，总结归纳已有项目治理含义，可以从治理机制、治理目的和治理目标三个方面体现。其中，治理机制是指采取的制度安排和相关措施，如采用信息化手段、制定相应

的法律法规和保障机制等；治理目的是协调利益相关者之间的关系，从而保证利益相关者以项目利益为中心高效完成任务活动；治理目标是实现项目目标并使得利益相关者感到相对满意。

总体上，项目治理是一种所有利益相关者的利益协调机制，终极目标是实现项目成功，并使利益相关者的利益最大化（杨建平，2009）。

2.3.2 项目治理与项目管理的区别

项目治理属于近年来在项目管理领域提出来的新理论和新概念，因而常与项目管理混淆。然而，项目治理与项目管理是既有联系又有区别的两个不同概念，它们属于不同的研究层面和研究范畴（罗剑和罗锦贤，2017；杨建平，2009）。项目管理是指项目具体活动的计划、组织、指挥、协调和控制等，侧重的是为实现项目目标对具体活动的计划、实施等。而项目治理则被称为"项目管理的管理"，被界定为完成项目管理活动所需的微观制度环境，包括构建的一系列制度、结构和流程。此外，项目管理往往更多地关注于项目层面的日常运作的控制和执行（Turner，2010），而项目治理则代表一个更高的结构，描述多项目和达成组织战略目标的"过程"和"结构"（Nielsen，2010）。

项目治理是指整个建设项目运作的基本网络框架，通过设置动态的、开放的制度框架，明确各利益相关者在此框架下的责任、权力、利益关系，负责制订战略，确保资源得到有效利用（Too & Weaver，2014）。而项目管理则是在这个网络框架下由各个实施主体运用项目管理技术、工具、方法实现建设项目管理的目标。项目治理所涉及的主体通常是项目业主、承包商、设计单位、银行等金融机构、政府部门的决策层以及其他利益相关者，项目管理的主体通常是这些实施单位派放到具体项目的项目实施负责人（颜红艳，2007）。

综上所述，项目治理和项目管理的相关研究分别聚焦于项目系统的两个不同层面。总体上，项目治理与项目管理在目标、主体、客体、作用、政府作用以及基础理论等方面存在着较大的差异性，具体如表 2-3 所示（杜亚灵和尹贻林，2010；贾广社等，2010；颜红艳，2007；杨建平，2009）。

表 2-3 项目治理与项目管理的区别

类别	项目治理	项目管理
层面	制度层面	管理 / 运营层面
目标	实现项目价值 （利益相关者满意）	实现项目控制三大目标 （质量、进度、投资）

续表

类别	项目治理	项目管理
本质	协调利益相关者之间的关系，化解利益相关者之间的利益冲突	在规定的时间、成本和质量约束下完工
主体	参与主体决策层 （主要核心利益相关者）	参与主体执行层
客体	利益相关者的权、责、利关系	项目组织的资源，包括人员、资金、技术、时间、设备等
作用	责、权、利的配置与均衡	具体项目的经营运作
组织结构	治理结构	项目内部组织结构
政府作用	政府具有监督和控制作用	政府基本不具有直接干预作用
基础理论	委托代理理论、交易费用理论、利益相关者理论等	系统工程理论等

2.4 重大工程项目治理机制

2.4.1 项目治理结构研究

项目的治理理论可分为两个层次：项目治理和项目集治理。美国项目管理协会（PMI）在项目集管理标准（The Standard for Program Management-2nd Edition）中对项目集治理的含义进行了界定。项目集治理是指通过建立合适的组织结构和必要的政策与程序，以处理风险和对利益相关者的需求进行协调，从而确保决策的制订与项目实施的管理活动始终聚焦在项目集目标的实现上，以实现项目集的成功交付。项目集治理实施可以确保所有利益相关者进行有效的沟通，熟悉项目进展及相关事务，清晰地定义与实施各利益相关者的责任与义务（贾广社等，2010）。

Turner（2001）将项目型组织的治理层次分为公司治理层次、公司环境治理层次和单个项目治理层次，并认为不同治理层次拥有不同的冲突和处理机制。此外，国外其他学者对项目治理结构也给出了各自不同的见解。例如 Winch（2001）借鉴 Williamson（1988）交易费用的治理理论思想，基于微观层次对项目全寿命周期进行了治理分析，将治理结构分为以项目链为架构的垂直交易治理和以供应链为架构的水平交易治理两个方面，并将业主、承包商、专业人士等都纳入垂直交易治理的范围，提出“三方治理”的观点。

国内学者对项目治理结构也提出了各自的见解。王华等（2004）将工程项目治理结构界定为项目主要利益相关者之间权、责、利关系的制度安排，将治理范围分为内部治理和外部治理。杨飞雪等（2004）基于合同关系的紧密程度视角将项目治理分为内部治理、外部治理和环境治理，并认为项目经理层是项目治理结构的核心，外部市场合同关系包括业主、供应商、咨询单位和债权人等。严玲等（2004）以及严玲和尹贻林（2006）认为，治理结构是指主要利益相关者通过责、权、利关系的制度安排来决定一个完整的、交易的一种制度框架。严玲和赵黎明（2005）进一步对项目治理结构进行了完善，将项目治理结构界定为项目内部组织结构及控制权的配置，并构建了一个包括内部治理结构、外部市场约束和政府监控的公共项目治理模式的概念框架。颜红艳（2007）将建设项目治理定义为包括内部治理机制、外部治理机制和环境治理机制的一个系统。

可以看出，基于利益相关者视角，总体上可以将项目治理的结构分为内部治理、外部治理与环境治理。

2.4.2　项目治理机制的构成类型

"治理机制"是由"治理结构"到"系统功能"和"行为"的转换环节，治理结构主要解决"谁来配置责权利（即权力制衡关系）"，而治理机制主要解决"如何配置责权利并如何产生治理绩效"。因此，建设工程项目治理由各利益相关者子集组织层面的治理结构（governance structure）和制度层面的治理机制（governance mechanism）构成。项目治理通过设计项目利益相关者的平衡制度，从而建立一种有利于项目实施的机制（杨飞雪等，2004），以体现项目参与各方和其他利益相关者之间的权、责、利关系的制度安排（严玲和赵黎明，2005）。

关于项目治理机制的研究，一部分学者认为项目治理是一种组织控制机制，它采用正式的和非正式的结构来治理不同级别的职责和责任（Biesenthal & Wilden，2014；Chen & Manley，2014）。其中，正式机制包括通过正式合同或非人格化交换而进行的市场交易，以及通过绩效衡量和争议解决程序进行的等级制交易；非正式机制则聚焦于关系，它包括人和基于社会的等级关系来提升相互信任、开放交流、合作和知识共享。另外，也有学者常用"正式合同"和"隐含合同"代表组织间协调和保护合作关系的治理机制。其中，前者主要通过法律来保障实施，后者指包括声誉、社会惯例等非正式的社会控制和协调机制。合同治理一般包括相互作用的四部分，共同决定合同关系行为：合同关系（Relationship）、交易主体责任（Responsibilities）、风险安排（Risk）、补偿机制（Reimbursement）。也有许多研究将合同治理视为"正式合同""显性契约""法律保障"等，强调通过正式的书面合同明确各方的责任义务。此外，另有学者基于建设项目各主体信息共享、目标一致、联合解决问题等关系治理视角进行探讨（王磊等，2016）。关系治理（relational governance）的概念源自关系合同理论（relational contract theory），众多学者基于社会学视角凝练出关系性规则并达成共识：与正式合同类似，关系规则在降低交易成本和减少交易风险中起作用（Poppo & Zenger，2002），这些关系性规则被界定为“关系治理”。关系治理是通过嵌入社会纽带环境中的私人和公共信息流的一种内生机制，往往比合同治理或第三方强制执行更有效果（Uzzi，1999）。

将国内外项目治理机制分类总结如表 2-4 所示。可以看出，总体上，目前关于项目治理机制的类型及构成要素研究尚不统一，但大多数研究都认为治理机制主要分为合同治理和关系治理。合同治理主要通过项目交易过程中的一系列正式的制度安排来实现，包括项目全寿命周期管理过程中的风险分担机制、报酬机制、选择机制和问责机制等；关系治理是建立在各方非正式结构和自我执行之上，通过社会关系与共享规范实现对组织间关系的治理，包括信任机制、沟通机制、

表 2–4　项目治理机制分类总结

作者（年份）	研究成果
Henisz & Levitt（2011）	强制性制度（如法律、条例、合同以及它们通过调解、仲裁或诉讼进行的实施）；规范性制度（社会共同的对正确行为和社会交往的期望）和认知性制度（共同的身份特征，连接不同群体价值或利益之间的概念框架）
Caniëls et al.（2012）	基于价格协议和激励的合同治理；基于控制和权威的科层机制；基于信任的关系治理机制
Olsen et al.（2005）	激励（风险与报酬共享，利率结构）；权威（正式结构，职权与授权）；信任（条例，价值，开放，同一性）
Chen & Manley（2014）	正式治理（风险和收益共享机制，集体成本评估机制，服务提供者的风险分担机制）；非正式治理（领导力，团队合作，关系经理，信息系统，设计集成）
Lu et al.（2015）	合同治理（基本要素，变更要素，治理要素）、关系治理（信息交换，团结性，适应性，信任）
严玲等（2016）	契约治理（风险分担机制，报酬机制，选择机制，问责机制）；关系治理（信任，沟通，承诺，合作）
张磊等（2017）	合同治理（责任分担机制，收益分配机制，权利配置机制）
刘常乐（2016）	科层治理（集权化，正式化）；关系治理（信任，共享意愿，共同解决问题）；合同治理
邓娇娇等（2015）	关系治理（信任，承诺，沟通，合作，行业惯例）
孙华等（2015）	正式治理；关系治理（关系规范，专用投资，冲突处理）
梁永宽（2008）	合同治理；关系治理
周晓宏等（2011）	利益相关方的信息交换与处理机制，合作伙伴机制，激励与约束机制，冲突处理机制
夏超尘（2014）	显性契约（股权结构，利益分配，风险分担）；关系契约（信息的传递与沟通，目标整合，冲突处理，激励与惩罚）；心理契约（信任，知识共享，心理契约的维护）

承诺机制与合作机制等（孙华等，2015；严玲等，2016）。有学者进一步指出，完整的项目治理机制应当包括正式合同和非正式关系，通过构建合同—关系混合治理机制，利用不同治理机制的均衡作用提升项目治理水平（Ning，2017）。

可以看出，一方面，虽然国内外项目治理的研究出发点不同，但基本都是基于项目制度视角展开，即通过各种制度安排来激励、调节、引导和控制项目利益相关者的行动，从而实现项目目标，且普遍认为项目治理机制主要包括合同治理及关系治理两个类型。另一方面，研究方法多以定性的静态分析为主，缺乏模型化的定性和定量分析，更缺乏跨案例分析和实证研究（沙凯逊，2008）。当然，已有研究成果对于解析我国重大工程项目治理机制关键问题提供了有价值的见解，为本书的研究提供了很好的参考和借鉴。

2.4.3 行政治理机制相关研究

基于项目治理类型已有研究可以看出，目前项目治理研究更多地关注于市场治理，即通过合同治理机制和关系治理机制调节市场交易主体间的项目建设行为，以避免投机，产生合作，并最终保证项目成功。经过专家访谈与长期重大工程项目实践的观察，作者注意到在我国重大基础设施项目的治理过程中，有独立于合同治理和关系治理，来自业主方或其母体组织——政府的第三种治理力量发挥着巨大的治理作用，从而强有力地推动项目建设的进程，促进项目绩效的提升，实现项目成功，本书将其界定为“行政治理机制”。通过对文献进一步的梳理，发现已有学者提出过类似的概念，如权威治理、科层治理等。

权威治理基于层级权力开展治理，其功能主要通过正式结构、职权与授权等直线型的层级权威来实现（Olsena et al.，2005）。权威治理的最大特征是命令和服从，以政策、指示、命令等形式作为控制标准。权威治理的本质是政治治理，其含义是指政治活动过程中的为政者利用政治手段主导、引导、有意识地影响、刻意地对整个社会系统进行控制，从而促进社会有序前进和发展、最终协助本体和社会整体利益的努力实现（李善波，2012）。李善波（2012）研究了公共项目权威治理，是基于治理含义对公共项目治理过程的一种再认识，将其定义为以行政权力为主导作用的自上而下地对项目主导和控制作用。权威治理的核心是通过政治契约而起作用的行政控制，其具有巨大的治理能量。行政权力是其实现的基本要素。在项目治理过程中，通过垂直的、以等级权威为基础的政治过程，实现项目决策过程、控制预算拨款、建立项目组织和任命、监管项目运作的过程等，这些都受到法律、法规、行政规则和相关制度的约束。

科层治理是指为了保证以较高的效率来完成项目内部正常交易，依靠权力或权威在内部形成一种自上而下的控制与被控制的关系体系的一种治理方式（Caniëls et al.，2012；刘常乐，2016；黄路路，2017）。建设项目中的科层治理被定义为项目情境下交易双方由于地位不平等而在交易过程中慢慢形成的一套制度和规则，为了保证项目按预期目标完成，通常强势一方会利用另一方认可的权力管控项目的进展和结果等。总体上，组织间科层治理主要特点在于强势一方对交易过程中的规则和程序的主导上，可以通过设定工作议程、制订规则和程序、细化解决冲突的程序以及当市场价格不存在时进行合理定价来赋予较为强势一方权利（Stinchcombe，1984）。Olsen et al.（2005）进一步界定了组织间科层治理两种机制：一是规范化，用于制订包括编制预算程序、控制程序的组织间交易规则、惯例和程序等；二是集权，即决策权的集中，用于确定利用合法权利进行问题决策的解决者（刘常乐，2016）。

可以看出，一方面，已有学者基于权威或权力视角对类似治理机制进行了探索研究，但基本都处于定性分析阶段，更未针对重大基础设施工程项目特有情境进行分析；另一方面，这些研究成果都可以为我国重大基础设施工程的行政治理机制的内涵界定等提供参考和借鉴。

2.5 重大工程项目治理机制的影响机理

目前，对于项目治理机制的影响机理研究主要聚焦于项目治理对项目绩效影响作用（Joslin & Müller，2016；Musawir et al.，2017；严玲等，2017）。严玲（2013）构建了公共项目的契约治理和关系治理二维框架的相互影响机理，并进一步验证了对公共项目治理绩效影响的有效性。Chen & Manley（2014）对澳大利亚开展的“合作型交付”的基础设施的项目治理对项目绩效的影响关系进行了实证研究。杜亚灵和尹贻林（2011）构建了公共项目治理、项目管理、管理绩效三个变量的实证研究模型。Caniëls（2012）调查了合同激励，权威和关系管理的相互作用，将治理机制的共同演变与项目成果联系起来，在成本、时间交付和实现质量方面进行评估，研究表明，治理机制与项目成果之间存在相互作用关系。Chen & Manley（2014）用开发量表来衡量合作项目的治理和绩效的关系，研究表明，非正式机制的实施强度（条件）比正式机制（合同条件）能更好地预测项目绩效偏差。Lu et al.（2015）基于交易成本经济，分析了合同治理和关系治理在改善项目绩效，抑制机会主义的效果，研究结果表明，合同治理与关系治理都能改善项目绩效。可以看出，目前主要采用实证研究方法对项目治理机制与项目绩效影响进行研究，且研究结果均表明，合同治理和关系治理水平的提升都对项目绩效具有正向影响。阚洪生等（2017）基于 Agent 仿真技术和交易治理相关理论，预测和评估了项目成本、项目工期、质量风险、工作积压等实施绩效。

此外，一些学者针对项目治理机制中合同治理与关系治理是替代关系还是互补关系进行了专题探讨（骆亚卓，2017；郑传斌和鹿倩倩，2017）。严玲等（2016a，b）采用结构方程模型探讨了公共项目中的契约治理、关系治理与项目管理绩效的关系，解析了契约治理和关系治理的相互影响及其对管理绩效的影响机理，并表明合同治理与关系治理存在互补关系。Lu et al.（2015）表明合同治理与关系治理都能改善项目绩效，而且两者相互补充而不是替代关系。孙华等（2015）通过实证分析表明，正式治理在关系治理和项目绩效间起部分中介作用，信任在关系治理对正式治理的正向影响中具有反向调节作用，也就是信任具有调节作用，即信任程度越高，关系治理通过正式治理对项目绩效的间接作用就越弱，体现出某种程度的“替代关系”效应；信任程度越低，正式治理的中介作用就越强，呈现“互补关系”。尹贻林等（2011）基于均衡点视角探讨了公共项目合同治理与关系治理的均衡作用。

为了更好地探索项目治理机制对绩效的影响机理，一些学者还对项目治理机制的影响因素进行了分析。梁永宽（2012）基于项目管理的业主与承包商视角，认为项目治理机制的影响因素包括资产专有性、项目复杂性、项目不确定性、双方的合作期等。骆亚卓（2011）基于经典交易成本理论治理逻辑：交易特征—治理机制选择—组织绩效，采用问卷调研的实证研究对建设项目治理机制选择的影响因素以及治理机制与项目绩效之间的关系进行了验证。可以看出，这些因素都可以为重大工程项目影响机理的模型构建提供研究基础。

综上所述，目前项目治理机制的影响机理研究主要侧重于分析治理机制、项目管理与项目绩效改善的影响作用，以及合同治理与关系治理的互补替代关系。然而，已有项目治理机制的影响机理未考虑重大工程项目特殊情境，更未探讨项目情境下治理机制的相互影响作用，且量表指标也主要源于文献，没有进行实证检验，故所构建的指标体系较难以有效衡量项目治理机制，其研究结果也不足以充分支持决策。因此，有必要进一步探索重大工程项目情境下多元治理机制的交互作用及对治理绩效的影响作用。

2.6 本章小结

本章对重大工程项目情境及治理理论、国内外项目治理研究文献、项目治理内涵、项目治理机制类型以及项目治理的影响机理等相关研究进行了系统分析与梳理，旨在对项目治理相关理论的发展历程、研究现状及前沿动态形成整体性把握并界定研究空白。通过研究发现，目前项目治理理论已基本形成了较为完整的理论体系，但已有项目治理机制的研究尚未考虑重大工程项目特殊情境，更未探讨重大工程项目情境下治理机制的构成维度、相互作用以及对项目成功的影响机理。

第 3 章　研究设计与方法

本章主要分析本书的整体研究设计与过程，包括质性研究与实地研究过程中的方法选择、研究问题与研究内容的关系、问卷设计与数据收集、调研对象基本特征等内容及其实施步骤，目的在于清晰呈现整体研究思路与过程。

3.1　研究设计思路

本书对项目治理机制的框架构建主要采用质性研究策略，对项目治理机制的因子识别、差异特征分析和影响机理研究则采用实地调研的研究策略。由于本书质性研究所需部分数据缺乏系统的数据来源，因此从公开渠道的二手数据间接获取；实地研究数据通过问卷调研为主的方式获得。本书的总体研究设计与过程如图 3-1 所示。

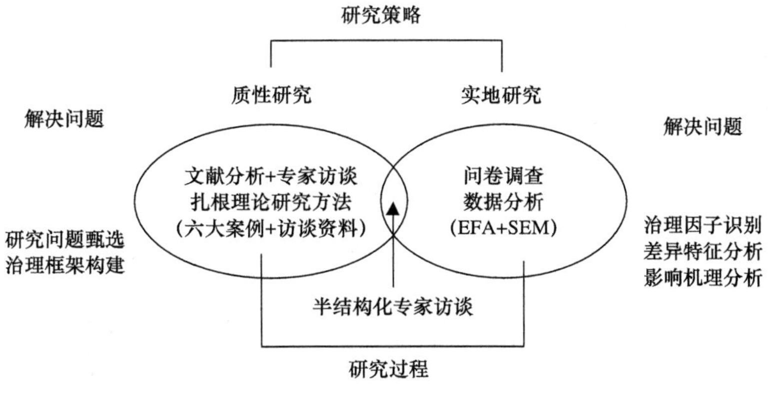

图 3-1　研究设计与过程

3.2　研究问题甄选

本书首先基于相关研究背景提出初步的研究问题，然后，鉴于探索性研究的不确定性，选择对有丰富重大工程项目管理经验的实践专家进行半结构化访谈的方式对研究问题进行再次甄选和优化，以此提高研究问题的实践基础。

3.2.1 访谈设计

鉴于重大工程项目治理研究的情境化属性，为充分结合行业实践基础，本书通过半结构化的行业专家访谈来提炼适用于重大工程项目情境的项目治理关键研究问题。

访谈主要围绕一个问题展开 ：“结合您关于重大工程的工作经验或研究积累，您认为在重大工程项目实施过程中采用的治理手段（方式）有哪些？对项目成功存在何种影响？”基于上述核心问题，设计了一份访谈方案（详见附录2）。访谈内容包括以下两个方面的内容：一是邀请专家根据理论内涵对重大工程中的项目治理机制进行举例，分别包括合同治理、关系治理和行政治理方面；二是邀请专家回答各种项目治理机制对管理绩效是否存在影响，项目治理机制的实施过程中又会受到哪些因素的影响等问题。本书将访谈问题设置为四个层次，详见表3-1。

表3–1　访谈问题分层设置

问题层次	具体问题	设置说明
第一层	（1）在您参与过的我国重大基础设施工程中，有没有上述的项目治理实施机制？这种机制对于各方的协作提升、冲突较少等过程协作有无积极的影响？这些影响是否会促进项目绩效和成功	使受访者进入访谈状态预热
第二层	（2）在您参与过的我国重大基础设施工程中，业主方采取过哪些合约治理方面的措施？可否给出具体的例子进行描述？在这些例子中，您认为这些治理措施对协作过程和项目成功产生哪些影响？（如合理的风险分担、收益共享、合同的完善程度、合同对项目执行过程中环境变化的适应程度等） （3）在您参与过的我国重大基础设施工程中，业主方采取过哪些关系治理方面的措施（如建立企业间的良好关系、企业高层领导者之间的良好私人关系、项目部业主和供应商之间良好工作氛围、畅通的沟通渠道、充分的信息共享、项目合作文化等）？可否给出具体的例子进行描述？在这些例子中，您认为这些治理措施对协作过程和项目成功产生哪些影响？ （4）除了上述合约与关系方面的治理机制，在参与过的我国重大基础设施工程中，您是否认为业主方还通过其他措施（行政指令）来以协调、控制和约束设计方、施工方和监理方和供应商的行为？可否给出具体的例子进行描述？在这些例子中，您认为这些治理措施对协作过程和项目成功产生哪些影响	其一，作为访谈核心内容，保证受访者的思路通畅；其二，整体把握受访者对项目治理机制的认知
第三层	（4）您认为，我国现行的政府—市场二元作用环境中，不同项目治理措施的实践有哪些积极价值和阻碍	了解受访者对治理影响因素的认识
第四层	（5）您对我们的研究还有什么建议	从整体上对项目治理的内容结构总结

3.2.2 访谈整理

2016 年 9 月至 2016 年 12 月期间，邀请 8 位来自重大工程领域的实践专家进行半结构化访谈（访谈专家背景信息具体见附录 3）。在访谈过程中，根据访谈设计思路并结合受访者的实际情况进行了追问。每次访谈时间基本控制在 50 ~ 90 分钟，并在征得受访者的同意后，对访谈过程进行了录音。图 3-2 为 8 位专家的背景信息，被访专家基本有超过 5 年甚至 30 年以上的重大工程管理经验，包括业主（3 位）、施工（1 位）和项目管理咨询（4 位，其中 2 位也是科研机构兼职人员）等单位的中高层管理人员。结构化访谈专家的行业实践涉及的重大工程项目清单如下：

- 虹桥交通枢纽；
- 中国 2010 年上海世博项目；
- 上海西岸传媒港；
- 浦东东方金融中心；
- 海西站南广场；
- 上海地铁 9 号线；
- 苏州地铁 2 号线。

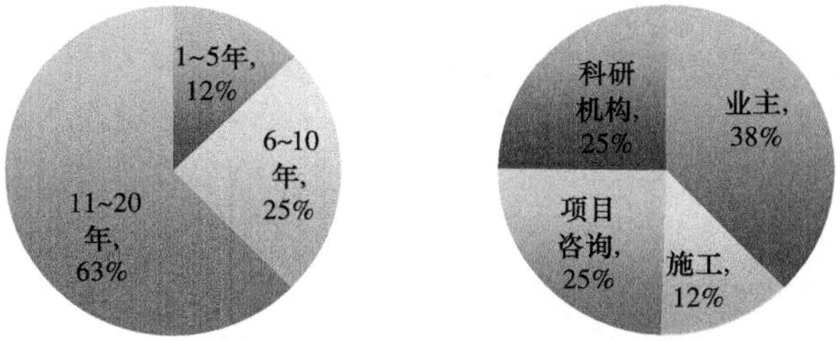

图 3-2 半结构化访谈专家背景信息

根据整理，共得到 5 万字的访谈记录。关于研究问题的选择与设计，大部分专家指出，重大工程项目治理机制的研究是有价值的，但其重大工程项目具有特殊情境，使得传统的项目治理研究尚不能完全适用于重大工程项目；对现象的解释和规律研究需要对重大工程进行观测和大量的案例收集，工作量大，研究周期较长，并在回答研究问题的同时提供了大量有价值的研究建议。其中，关于项目治理机制中的行政治理，专家建议，调研不能忽略政府在重大工程项目治理的主导作用。另外，多位专家在调研中提到，当前很多重大项目中经常举行用来激发参建方任务积极性的劳动竞赛等文化建设活动，这些都有助于本书更好地理解重大工程这一特定情境下的项目治理机制。

3.2.3 问题提出

关于研究问题设计，专家在认可每个研究问题的理论依据的基础上为对应问题提供了大量的实践素材，这些都作为整体研究框架的现实依据。专家认为，本书是探索性研究，应注重揭示项目治理机制与重大工程项目情境本身存在强烈的关联。一方面，项目治理机制应着重注意政府的主导作用以及重大工程项目的制度情境；另一方面，应结合中国特有的国情，关系治理方面如劳动竞赛、社区共建、党员先锋队等都是重大工程建设中常用的文化建设方法，对提升项目绩效具有很大帮助。这些都验证了本书研究我国重大基础设施工程情境下，项目治理机制所包含的内容框架及其对项目成功的影响机理的必要性和合理性。因此，本书的目的在于通过访谈、问卷以及数据分析，构建我国重大工程项目治理机制的框架体系，基于理论分析构建项目治理机制对项目成功影响机理的理论假设模型，并进一步通过实证研究方法进行论证，试图从项目治理理论的角度解释我国重大基础设施工程建设取得巨大成就的原因，进而提出可供实践者参考的改进建议和途径。

鉴于上述专家建议，对初步提出的研究问题进行修订，并将研究问题转化为本书的研究内容，二者的对应关系如表 3-2 所示。

表 3-2 研究问题与研究内容的对应关系

研究问题	研究内容	章节安排
什么是重大工程项目治理机制？政府在重大工程中的作用	PG 框架构建	第 4 章
重大工程项目治理机制的构成维度具体包括哪些	PG 因子识别	第 5 章
项目治理机制的实施过程中又会受到哪些因素的影响？重大工程的项目特征对治理机制有哪些影响	PG 差异性特征	第 6 章
项目治理机制对重大工程项目治理绩效与项目成功有什么影响	PG 影响机理研究	第 7 章

3.3 质性研究

3.3.1 方法选择

由第 2 章中关于项目治理的综述可知，项目治理的构成维度研究已经形成了一系列的研究成果。相关学者在对项目治理进行拓展性研究时，往往从项目治理机制已有的维度内涵出发，对相关维度进行探索性的拓展和发展，因此，研究成果在实现创新的基础上呈现出一定的继承性和可持续性，以此形成了较为系统的项目治理维度体系，主要包括合同治理和关系治理，可以作为后续研究的重要基础和参考。而在对项目治理机制的维度进行拓展和创新的过程中，由于研究情境的差异性，已有的知识体系往往不能直接引用，需要结合具体项目情境特征，考察项目治理机制的内涵与维度。鉴于上述研究趋势，本书在构建重大工程项目治理机制框架的过程中，亦不能完全脱离已有的项目治理机制的维度内涵，需要将项目治理机制已有的研究成果与重大工程项目的情境特征结合起来，在已有理论成果的基础上结合对重大工程客观实践的归纳进行维度与内涵的演绎，进而构建重大工程项目治理机制框架。这一过程称之为归纳与演绎相结合的情境化研究方法（陈晓萍等，2012）。

演绎法是指从抽象理论到具体事实的过程，从一般到具体，从解释到事实，其结论必然能从前提推衍出来。具体而言，在基于演绎法的治理机制识别过程中，通过整合已有的文献，可对治理维度进行清晰的定义，确认治理类别的涵盖范围。在这一前提下，通过对已有维度的理解，进而可以提出可操作的维度体系，是一种“自上而下”的行为识别模式（Hinkin，1998）。而归纳法，其研究过程与演绎法的方向相反，是从具体事实得出抽象理论，基于数据和证据推导出结论的过程，事实支持结论，而结论解释事实。具体而言，在基于归纳法的机制识别过程中，需要采用定性研究方法分析特定情境下治理机制的构成内容，以现有的文献为理论依据，构建新的维度体系。这是一种“自下而上”的研究模式（Hinkin，1998），需要通过各种方法搜集关于治理机制的描述，广泛地征集符合这些描述的事例，在此基础上进行筛选得到初步的治理机制的内容维度。

在情境化研究中，经常需要综合运用演绎法和归纳法（Lianget al.，2012；Podsakoff et al.，2016）。当观测事实现象并具有“为什么”的疑问时，将基于归纳法提出初始的假说，如果能把事实解释清楚，则说明假设合理。至于能否清楚解释事实并判断根据是否正确，则需要基于理论采用演绎的思维进行验证。在项目治理领域的探索性研究中，已有学者同时结合两种方法，一方面通过实地访谈和观测手段提取与研究对象相关的事例；另一方面总结已有相关研究，演绎得到新的理论观点。这种方式既保证了对研究对象进行识别和测度的内容效度，同时也使结果更接近研究的真实情况。因此，在构建重大工程项目治理机制框架研究中，本书对于目前研究文献比较欠缺的行政治理机制，主要采用归纳推理，基于扎根理论方法对重大工程案例资料和专家访谈资料进行梳理，从而对行政治理机制的内容维度进行探索性研究；而对研究比较成熟的合同治理和关系治理机制主要采用演绎推理，采用文献分析和专家访谈结合重大工程项目情境特征进行优化研究。

3.3.2 扎根理论方法

扎根理论方法主要运用系统化的程序，通过梳理某一现象来发展并归纳式地引导出理论（祝军等，2017）。扎根理论将分析资料的过程称为编码。动态性是扎根理论资料收集方式的最大特点，扎根理论中的资料收集整理过程与理论分析过程是同时进行的和连续循环的（Borman，1993）。

关于扎根理论方法的具体步骤，贾旭东和谭新辉（2010）将经典扎根理论的研究步骤总结为产生研究问题、数据收集、数据处理和理论构建等四个阶段。Corbin & Strauss（1990）将其研究过程概括为：理论性取样；资料收集；资料逐级编码并从中产生概念；不断进行数据之间、概念之间及数据与概念之间的比较；形成理论性概念并建立概念之间的联系；构建理论并进行评判等六个步骤。Pandit（1996）则将研究程序划分为以下五个阶段：①研究设计；②数据收集；③数据排序；④数据分析；⑤文献比较。总体上，不同学者对扎根理论的操作程序提出了不同观点，但对资料的逐级编码都达成了一致共识，具体可以划分为三级，即开放性编码（一级编码）、主轴性编码（二级编码）和选择性编码（三级编码）（Corbin & Strauss，2007）。

3.3.3 研究步骤

本书将采用扎根理论方法识别重大工程行政治理机制具体包含的维度和因素。依据现有文献提出的操作步骤，结合本书的实际情况，具体的操作步骤为：理论性取样、数据编码、理论饱和度检验文献比较和研究结果（图 3-3）。其中，理论性取样基于 6 个典型案例和 8 份半结构化专家访谈资料，具体过程见 4.3.2 小节。

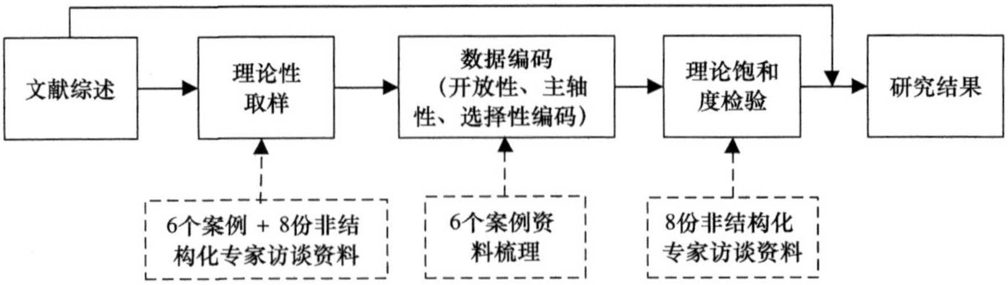

图 3-3　扎根理论的实施步骤

3.4 实地研究

3.4.1 问卷设计过程

基于问卷设计原则[①]，本书问卷是在参考大量文献研究成果的基础上，结合实务界专家访谈与学术界深度访谈，并采用小样本预测试逐步形成的。在借鉴大量研究的基础上（Dunn et al.，1994；徐淑英等，2008），问卷设计工作从 2016 年 10 月至 2017 年 8 月，采用四阶段法设计了本书问卷，如图 3-4 所示。

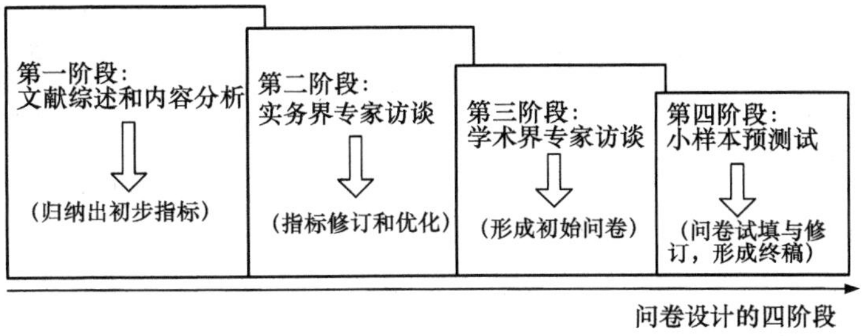

图 3-4 问卷设计过程

第一阶段：文献综述和内容分析。

1. 项目治理机制指标分析

基于第二章文献综述，查阅关于重大工程、项目治理因素等方面的研究文献，将已有研究结果进行梳理，采用内容分析法筛选出项目治理机制的初始因素和指标。已有的合同治理机制和关系治理机制初始因素分析过程和结果具体见 4.4.2 小节。

2. 项目治理绩效指标分析

善治（good governance）是治理的最终目标，因此，实现“良好的项目治理（good project governance，GPG）”是作为治理载体的重大工程项目的终极目标。基于此，识别能够实现 GPG 所须包含的要素就是对项目治理绩效的测量。本书采用 Abednego 和 Ogunlana 所归纳的 GPG 关键要素（如决策的准确性和及时性、响应性、平等性、持续的控制与监督等）来测量重大项目治理绩效。除此之外，

① 本书问卷设计具体遵循的以下七个原则：①控制问卷的总长度，避免受访者要用过长的时间填写问卷，本书把问卷篇幅尽量控制在使受访者在正常情况下 30 分钟内完成；②问卷中的问题与研究目的直接相关；③条款简单易懂，包含的问题概念明确；④条款用词保持中性，避免对受访者形成诱导；⑤问题对于受访者容易回答；⑥不涉及个人隐私等敏感问题；⑦答案与问题协调一致（李怀祖，2004；李林梅，2000；马国庆，2002）。

激励有效性能直观反映项目治理绩效，合作满意度也是项目参与方合作看重的指标。因此，治理绩效的指标应包括激励有效性和合作满意度，这两个指标不仅能测量效率，还能预测合作参与方的未来行为（邓娇娇，2013）。

3. 项目成功指标分析

关于项目成功的界定，学术界尚未形成一致共识。不但如此，对于工程项目的成功，各利益相关者也不可能形成统一的界定（Lim and Mohamed，1999）。最早的项目成功标准采用“金三角”，包括时间、成本和质量（Atkinson，1999；Cooke-Davies，2002；Jugdev and Müller，2005；Jugdev et al.，2001）。虽然这些指标很重要，但未包括衡量现代项目成功所需的各种因素（Atkinson，1999；Ika，2009）。作为项目成功重新定义的一部分，项目经理的角色和职责远远超出了传统金三角，包括关系、文化和利益相关者问题的管理（Cleland and Ireland，2002）。Bosch-Rekveldt（2011）认为应从内部和外部的角度来衡量项目成功，成功标准除了保证项目在预算和时间内，还应考虑项目最终用户和项目结果的可用性。Marshall and Rousey（2009）认为成功项目管理包括三方面：范围、进度和预算平衡；质量符合标准和公众的期望；没有未解决的项目问题，如施工索赔悬而未决。

对于建设工程项目成功研究方面，Lim and Mohamed（1999）基于两个视角来分析建设工程项目的成功标准：宏观视角和微观视角。一是微观视角，主要聚焦于项目建设阶段的“金三角”——时间、成本和质量；二是宏观视角，主要聚焦于项目与最初设想的相关性以及最终客户的满意度。Bryde and Robinson（2005）表示，对于项目成功含义的界定，业主和承包商各有不同的理解。承包商注重如时间、成本和质量等传统衡量指标，而业主往往更强调项目利益相关者的满意。Chan and Chan（2004）基于已有研究将建设项目成功指标总结为质量、成本、时间、健康与安全、参与各方满意、使用者满意、环境影响、商业价值等。王进和许玉洁（2009）结合大型工程项目特色，将项目成功的标准划分为项目投入使用时和关于项目结果的成功标准。其中，前者的成功标准包括项目五大控制目标、各参建方的利益诉求、满意度、是否受到激励和实现各参与方和谐等；后者的成功标准关注项目所涉及的外部性影响公平度、可持续发展，以及全过程的满意度等。由于本书针对整体重大工程项目治理机制，因此，采用引用率最高的 Chan and Chan（2004）提出的项目成功评价体系，如时间、成本、质量、健康与安全、环境影响、参与各方满意、使用者满意、商业价值。

第二阶段：实务界专家访谈。

访谈对象是参与过重大工程项目的 8 位实务界专家。该阶段的访谈目的：结合具体重大工程项目的实际情况，向被访谈者征询对项目治理机制的看法，作为初始指标的补充。该阶段包括两部分：①行政治理机制的探索性研究。在上述 8 位专家访谈中，请专家对每个研究问题提供各自的答案，采用扎根理论方法对访谈资料分析，对第一阶段梳理出的行政治理机制初始指标和变量进行理论饱和度检验，分析过程和结果具体见 4.3.3 小节；②合同治理机制和关系治理机制的优化研究。基于通过内容分析法梳理出的合同治理机制和关系治理机制初始因素指标，采用德尔菲专家访谈进行指标和维度的优化，分析过程和结果具体见 4.4.3 小节。

第三阶段：学术界专家访谈。

为了检验初步开发的量表中指标设置和问题表述是否合理，并检查量表中是否有遗漏因素和题项，对于量表中问题的表述方式和内容进一步向学术界的专家征询意见，这个阶段为学术界深度访谈。该阶段借助于 3 位工程管理领域资深教授、博士生导师组成的指导小组。这 3 位教授均属于本专业领域资深专家，承担了多项国家自然科学基金项目的研究，而且拥有上海世博建设项目、上海迪士尼等重大工程项目的实践经验，在科研和实践方面均具有丰富的经验。在该阶段，主要针对问卷初稿的量表选择和条款设计等进行讨论，从而最终完成问卷修订。

第四阶段：小样本预测试。

结合修订后的问卷，随机选择 20 位具有重大项目经验的专家进行小样本预测试，评估问卷在实际填写过程中可能会遇到的问题。结合试填的反馈意见，对整个问卷条款进行进一步的完善修订，并对预测试的量表信度进行检验。结果表明，量表信度符合研究标准。因此，经过四个阶段的问卷设计，最终形成调查问卷终稿，见附录 4。

3.4.2 问卷内容及可靠性分析

本书的问卷设计主要是为重大工程项目治理机制的整体研究框架设计，通过问卷调研获得各研究内容所需的有效数据。本问卷采用 Likert 五点量表法进行设计，题项从 1 到 5 打分，1 表示非常不符合，5 表示非常符合。问卷要求被调查专家要结合自己所选重大工程项目的实际情况，对项目描述与实际情况的吻合程度进行打分，如果被采访专家越赞同题项内容，则分数越高。围绕各部分研究的研究目的和研究内容，该调查问卷由四大部分构成，包括卷首语、受访者的基本信息与项目特征、项目治理机制的调查以及项目实际的完成情况。

（1）卷首语。该部分主要介绍问卷调查的总体情况、调查主旨、填写说明、保密承诺等。

（2）基本信息与项目特征。该部分主要调查受访者基本特征以及所选项目特征等。

（3）项目治理机制的调查。该部分主要包括合同治理、关系治理和行政治理等的测量量表。

（4）项目完成情况调查。该部分包括项目治理绩效、项目成功的测量量表。

在问卷设计的合理性和科学性方面注意细节，从而保证问卷设计的可靠性。一方面，仔细斟酌调查问卷问题的表述方式。本书基于文献综述，经过实践界和学术界的两轮专家访谈，以及预测试后反复征询受谈者的意见后完善修正。整个语句表述方式兼顾了问题表述的明确性、客观性、易理解性，并能体现重大工程项目治理特征的要求。另一方面，避免有对受访者进行暗示的设计。为了避免问卷回答过程中可能出现的一致性动机问题，问卷在细节设计方面避免出现可能隐含对受访者有诱导性的词语。因此，本问卷设计中，没有明确反映出研究的内容和逻辑，整个问卷中也没有出现项目治理因素假设量表、治理绩效量表和项目成功量表等题名，以防止受访者得到可能的因果关系暗示，进而影响问卷的回答。

3.4.3 问卷发放与数据收集

1. 样本的选择与数量确定

本书对象为重大工程基础设施项目。关于被调查者的选择，徐淑英等（2008）总结了可能会导致受访者做出不准确的回答的四个主要原因，具体包括：①受访者对问题答案的信息不知道；②受访者对问题答案的信息回忆不清；③受访者虽然对答案信息很清楚，但对这些问题不愿意回答；④问题内容太复杂导致受访者不能理解含义。针对这些情况可能导致的信息失真，本研究除了优化问题表述方式外，在受访者的样本对象选择方面也进行了控制。由于涉及整个重大工程项目治理机制以及项目成功情况，因此，确定被调查对象必须至少参与过一项已交付使用的重大工程项目。

本研究拟采用 SPSS 软件和 AMOS 软件对收集数据进行分析。但对于样本的数量多少，学者们尚未达成一致意见。Marsh et al.（1998）从模型收敛和拟合指数等角度认为样本数越大越好；Hair et al.（1998）认为样本数量需要控制在200~400个的范围，因为一旦超过400个数据，模型适合度指标将很难满足要求；Gorsuch（1983）和吴明隆（2010）都认为预试样本数最好为量表题数的5倍。结合本书调查的测量题数以及可能的回收率，共计发放调查问卷280份。

2. 问卷发放及回收

本研究正式问卷调查的时间从2017年9月开始，到2017年11月结束。问卷主要采用网络问卷星的形式发放，保证了问卷填写的完整性；此外，还采用面对面亲自回收问卷的方式，以提高其回答问卷的积极性和认真性，回收纸质问卷32份。共回收问卷238份，问卷回收率为85.00%。对于回收的问卷进行检查并剔除无效问卷，剔除的标准如下：①去掉对填答不完整和存在漏填的问卷；②去掉对同一项目存在明显雷同的调查问卷；③去掉未认真填写的问卷，如果整个问卷的答案只有一个选项或呈明显规律性排列，可推断为应付态度，这种问卷视为无效问卷，应该去掉。通过对所有问卷编号，剔除编号为No.7，No.14，No.17的无效问卷3份，最终得到有效问卷235份，问卷有效率为98.74%，可见问卷在本次调查中效果非常好。经过问卷发放、回收和剔除，最终获得235份可用于本书统计分析用的调查问卷，有效问卷数量和量表题项数量[①]比为7∶1，满足研究要求。

3.4.4 样本描述性统计分析

描述统计分析是用来概括和解释样本数据，常利用数学语言来表述样本的特征或变量间关系的特征（李怀祖，2004）。本研究采用常用的描述性统计分析包括频率分布、百分比、均值、标准差、偏度和峰度等对数据进行分析，主要包括受访者的基本信息和重大工程项目特征等。

1. 受访者描述性统计分析

（1）性别

将有效样本的受访者特征按性别分类进行描述性统计分析，结果如表3-3所示。从分析结果来看，在235份有效问卷中，男和女分别为199位和36位，分别占样本总数84.68%和15.32%，男女比例接近于5∶1。这种性别比例与建筑行业中男性多于女性的行业特征相一致。

① 此处的量表题数非问卷的总题数，而是问卷中包含测量变量数最多的一份量表（吴明隆，2010）。本书测量变量最多的为项目治理量表，包含34个变量。

表 3–3　有效样本的受访者性别分布

性别	样本数	所占百分比
男	199 人	84.68%
女	36 人	15.32%

（2）年龄

将有效样本的受访者特征按年龄分类进行描述性统计分析，结果如表 3-4 所示。从分析结果来看，在 235 份有效问卷中，受访者最多的年龄段为 31~40 岁，有 92 位，占样本总数 39.15%；其次是 41~50 岁年龄段，有 73 位，占样本总数 31.06%。

表 3–4　有效样本的受访者年龄分布

年龄	样本数	所占百分比
≤ 30 岁	49 人	20.85%
31~40 岁	92 人	39.15%
41~50 岁	73 人	31.06%
＞ 50 岁	21 人	8.94%

（3）教育背景

将有效样本的受访者教育背景按学历进行描述性统计分析，结果如表 3-5 所示。从分析结果来看，本科学历的受访者共 102 位，占样本总数 43.4%；其次为博士学历为 60 位，占样本总数 25.53%；然后为硕士研究生学历，有 43 位，占样本总数的 18.30%。可以看出，建筑行业的学历有不断升高的趋势。

表 3–5　有效样本的受访者教育背景分布

教育背景	样本数	所占百分比
专科及以下	30 人	12.77%
本科	102 人	43.40%
硕士	43 人	18.30%
博士	60 人	25.53%

（4）工作年限

将有效样本的受访者参与重大工程建设的工作年限进行描述性统计分析，结果如表 3-6 所示。从分析结果来看，受访者最多的是具有 10 年以上重大工程经验，有 75 位，占样本总数 31.91%；其他依次是 3 年以下、3~5 年和 6~10 年，样本数分别为 66 位、51 位和 43 位，所占样本总数分别为 28.09%、21.70% 和 18.30%。

表 3–6　有效样本的受访者参与重大工程建设工作年限分布

工作年限	样本数	所占百分比
3 年以下	66 人	28.09%
3~5 年	51 人	21.70%
6~10 年	43 人	18.30%
10 年以上	75 人	31.91%

（5）项目职位

将有效样本的受访者在项目中的职位进行描述性统计分析，结果如表 3-7 所示。从分析结果来看，中层管理者最多，有 105 位，占样本总数 44.68%；其次分别为中层以下和高层管理者，有 72 位和 58 位，所占样本总数比例为 30.64% 和 24.68%。

表 3–7　有效样本的受访者在项目中的职位分布

项目职位	样本数	所占百分比
高层管理者	58 人	24.68%
中层管理者	105 人	44.68%
中层以下	72 人	30.64%

2. 项目描述性统计分析

（1）项目类型

将有效样本的项目类型进行描述性统计分析，结果如表 3-8 所示。从分析结果来看，政府投资项目的样本数量最大，为 154 份，占样本总数 65.53%；其次为公私合作项目，样本数分别为 35 份，所占样本总数比例为 14.89%。

表 3–8　有效样本的项目类型分布

项目类型	样本数	所占比例
政府投资项目	154 人	65.53%
公私合作项目	35 人	14.89%
私有项目	46 人	19.57%

（2）参与阶段

将有效样本的受访者在项目中参与的阶段进行描述性统计分析，结果如表 3-9 所示。由于该题项为复选题，故存在多选的情况，因此将参与阶段分为七种类型。从参与阶段分布状况来看，参与过重大工程项目施工阶段的最多，为 123 份，占样本总数 52.34%；其次为同时参与两个阶段和参与三个阶段，样本数分别为 43 和 29，所占样本总数比例为 18.30% 和 12.34%。

表 3–9　有效样本的受访者在重大工程项目中参与阶段分布

项目类型	样本数	所占比例
前期策划阶段	17 人	7.23%
设计阶段	7 人	2.98%
施工阶段	123 人	52.34%
运营阶段	6 人	2.55%
参与两个阶段	43 人	18.30%
参与三个阶段	29 人	12.34%
参与四个阶段	10 人	4.26%

（3）项目投资

将有效样本的项目投资进行描述性统计分析，结果如表 3-10 所示。从分析结果来看，项目投资额为＜ 10 亿元的样本数量最大，为 96 份，占样本总数 40.85%；其次为 40 亿元以上，样本数为 55 份，所占样本总数比例为 23.4%。

表 3–10　有效样本的项目投资分布

项目投资	样本数	所占比例
＜ 10 亿元	96 人	40.85%
10 亿元 ~20 亿元	54 人	22.98%
20 亿元 ~30 亿元	15 人	6.38%
30 亿元 ~40 亿元	15 人	6.38%
＞ 40 亿元	55 人	23.4%

（4）项目工期

将有效样本的项目工期进行描述性统计分析，结果如表 3-11 所示。从分析结果来看，项目工期为 2~3 年的样本数量最大，为 120 份，占样本总数 51.06%；其后依次为 4~5 年和＞ 5 年，样本数分别为 75 份和 33 份，所占样本总数比例分别为 31.91% 和 14.04%。

表 3–11　有效样本的项目工期分布

项目工期	样本数	所占比例
≤ 1 年	7 人	2.98%
2~3 年	120 人	51.06%
4~5 年	75 人	31.91%
＞ 5 年	33 人	14.04%

（5）单位角色

将有效样本的受访者所在单位在项目中承担的角色进行描述性统计分析，结果如表 3-12 所示。从承担的角色分布状况来看，所承担的业主方角色的样本数量最大，为 120 份，占样本总数 51.06%，这可能与作者自身的关系网络有关。

表 3–12　有效样本的受访者所在单位在项目中承担的角色分布

单位角色	样本数	所占比例
业主方（含业主及其委托的工程项目咨询 / 顾问等）	120 人	51.06%
施工方（含施工总包，EPC 总包，专业分包等）	48 人	20.43%
设计方（含业主委托的设计单位、设计顾问等）	10 人	4.26%
其他	57 人	24.26%

3.5　本章小结

本章基于质性研究和实地研究，对本书的基础研究方法从专家访谈、事例收集、问卷设计以及样本描述性统计等方面进行了详细阐述。研究问题的甄选经过了文献综述和专家访谈，实现理论与实践的结合，确保研究问题有充分的理论依据和客观的实践基础。关于质性研究方面，主要对扎根理论方法和步骤进行了分析。关于实地研究方面，问卷设计包括文献综述与内容分析、实践界专家访谈、学术界专家访谈以及小样本预测试四个不断修改和完善的阶段，并对问卷内容和可靠性方面进行了设计，从而保证了调研问卷的合理性和科学性；此外，从样本选择、受访者的对象选择以及样本发放等方面对数据收集过程进行了严格限制，从而保证了有效数据的收集。

第 4 章 重大工程项目情境下治理机制框架的构建

基于一般的工程项目情境，目前已有研究达成一致共识，项目治理机制主要包括合同治理和关系治理。然而已有研究未考虑到重大工程项目的特殊情境，尤其是政府在项目建设过程中起着的重要主导作用。因此，本章将基于重大工程项目情境特征分析，构建重大工程项目治理机制框架，具体包括基于扎根理论的行政治理机制的内容结构研究，基于文献分析和专家访谈的合同治理机制和关系治理机制的内容结构研究。

4.1 重大工程项目的情境特征分析

项目管理是基于情境的，需要不断根据环境进行权变（Söderholm，2008）。因此，重大工程情境要素是促使重大工程项目治理机制有别于一般项目或永久性组织情境的首要因素。重大工程的情境特征主要包括：利益相关者角色的多样性；政府主导特性；制度路径依赖性；高度复杂性。

4.1.1 重大工程利益相关者的角色多样性

重大工程组织由多个不同的利益相关者，包括政府、业主、施工、设计、监理、项目管理咨询、勘察、供货、拆迁、金融、运营、社会公众等，在项目全寿命周期内参与项目实施的组织及其相互关系构成的制度领域（Shao，2010；Eweje et al.，2012；Flyvbjerg et al.，2014；Hu et al.，2014）。不同角色的利益相关者之间建立和维护兄弟般的长期合作是重大工程项目管理的关键要素（Wang & Huang，2006；Mazur & Pisarski，2015）。他们分别来自不同专业背景的企业，承担不同的角色，行为具有差异化特征（Hanisch & Wald，2014）。相关参建方的价值诉求也往往因角色的不同而存在较大的差异，且超出了传统的项目边界（盛昭瀚等，2009）。

4.1.2 重大工程的政府主导特性

实践表明，协调处理好政府在市场中的作用一直是我国重大工程组织模式考虑的关键问题（李永奎等，2018）。政府对很多重大工程项目的实施有重要影响，甚至起着主导作用。重大项目往往由政府发起，是政府或社会组织实现战略目标的重要工具（Eweje et al.，2012），发起方政府一般会提出具有较高挑战性的项目要求，并有权确定项目目标（Boateng et al.，2015）。发起方政府的决策机制往往会导致复杂性大大增加（McKenna et al.，2006）。业主一般由发起方政府组建的专业公司担任，其他参建方或者是国有企业或者是与政府有密切关系的企业（Chi et al.，2011；Hu et al.，2014），这类项目往往涉及多个利益相关者，包括代理机构、权威的当权者、行政人员以及说客，项目进展不仅受到政治联盟的控制，还会受到沟通与合作渠道的影响（Patanakul et al.，2016），最终导致政府关系管理成为重大工程面临的重要挑战之一（Eweje et al.，2012）。

4.1.3 重大工程的制度路径依赖性

众所周知，和欧美等发达国家相比，我国的市场机制尚处于不断发展过程中，尤其在重大工程建设领域许多方面还需要不断成熟和完善（乐云等，2016；李永奎，2017）。长期以来，借助于独特的体制和制度，以政府为主导推动重大工程建设是我国重大工程的组织特点，如我国的重大工程建设采用了基建处或指挥部等传统组织模式，由此取得了一系列举世瞩目的成就。由于我国重大基础设施项目绝大多数由中央或地方政府部门或其授权分支机构（如指挥部、管委会、政府出资成立的项目公司等）直接管理，因此，我国重大基础设施工程具有特殊的“垂直治理”情境（Li et al.，2011；李永奎，2017）。需要注意的是，重大工程项目一直在我国经济、社会和城市发展起到关键支撑作用，由此也形成了一些可借鉴的最佳实践、制度体系和惯常做法（李永奎，2017）。

4.1.4 重大工程的高度复杂性

重大工程项目管理面临来自政治、社会、经济、技术和环境方面的挑战，存在大量的“黑天鹅事件”（Boateng et al.，2015；Flyvbjerg et al.，2014），其高度复杂性主要表现在以下几个方面：①项目构成复杂性。重大工程项目往往投资规模大，由许多个相互关联但功能和项目属性差异大的子项目构成（何清华等，2013；2015）。②进度复杂性。重大工程项目具有高端战略性，进度目标往往放在首位，但工程多任务之间的耦合关系复杂，牵扯到项目的各个方面如设计、技术、创新、管理、金融、预算和环境影响等，不确定因素多，涉及多个参建单位的共同协调推进，进度目标控制具有极高难度（李永奎，2017）。③技术复杂性。重大工程项目往往面临世界性工程难题，如青藏铁路建设过程中遇到的多年冻土、高寒缺氧、生态脆弱等难题，都需要突破现有工程技术和管理技术，具有极高的技术复杂性（He et al.，2015；李永奎，2017）。④组织复杂性。重大工程项目由于投资规模大、技术复杂、影响深远，往往涉及多个参建单位和利益相关者的资源调动、共同协调和集成，组织关系极度复杂（He et al.，2015；Lu et al.，2014）。

4.2 重大工程项目治理框架的提出

4.2.1 项目治理结构和机制框架

基于经济学视角，建设项目管理及交易过程其实是由各利益主体相互作用形成的经济体系，这些利益主体包括政府部门、业主方、承包商、咨询单位等，他们基于合同采用不同的交易方式形成了种种经济关系或责权利关系。因此，建设项目经济体系，本质上是利益相关者体系。然而，各利益相关方的利益诉求是不同的，这就导致其追求的目标往往存在巨大的差异。项目治理就是要通过建立一系列的制度安排，保证各利益相关者的责权利相互匹配，从而最终实现项目总目标（颜红艳，2007）。总体上，重大工程项目治理结构的构建思路如下：基于系统论的核心思想，综合运用整体性、动态性、目的功能性等原理以及主体观、环境观和结构层次观等系统观，把重大工程项目涉及的所有利益相关者治理看作一个系统工程，设计和构建重大工程项目的治理结构和治理机制。

项目复杂性决定了项目治理机制的多样性和差异性，包括科层、契约、关系等治理机制，国内外学者对此提出了各自的观点。例如，Wang et al.（2006）提出了治理均衡（governance equilibrium）的定义，认为关系治理和合同治理是相互补充关系而不是替代关系。Miller & Hobbs（2005）基于项目寿命周期不同阶段，提出项目治理机制应该根据项目特征选择适宜的项目治理机制组合，而不是固定不变的。严玲等（2004）认为，公共项目的治理机制包括代建人选择、风险分担等。尽管国内外学者均尝试对项目治理机制进行界定，但可以看出，对于项目治理机制的分类尚未达成一致共识，更别提及整体理论框架。因此，非常有必要通过系统梳理重大工程项目情境特征，构建较为完整的治理机制分析框架。

总体上，国内外学者将项目治理机制划分为合同治理和关系治理。但 Olsen et al.（2005）通过石油采购项目的跨案例研究提出项目治理结构是由合同、基于权威的科层、关系等共同组成，认为多种机制的共同采用可降低交易成本，从而提升项目绩效。Caniëls et al.（2012）认为在复杂采购项目的管理实践中，以下三种机制经常组合使用：基于价格协议和激励的合同机制，基于控制和权威的科层机制，基于信任的关系治理机制。李善波（2012）也认为，公共项目的治理机制包括垂直的权威治理模式和横向的合同治理。其中，前者机制主要指国家的宪政契约和层级行政间共同遵守的政治契约；后者机制主要指多个参建主体之间的谈判机制。此外，Henisz & Levitt（2011）等对项目治理机制的分类另辟蹊径，整合了经济学、社会学和心理学视角对关系交易的理论，将制度组织理论的相关研究成果引入项目治理领域，提出了项目治理机制的三层制度模型。研究认为，项目治理机制包括三个层面的制度，即“强制性制度”（如法律、条例、合同以及它们通过调解、仲裁或诉讼进行的实施）；“规范性制度”（社会共同的对正确行为和社会交往的期望）和“认知性制度”（共同的身份特征，连接不同群体价值或利益之间的概念框架）。不难看出，该研究的模型是对“合同—关系”二维治理机制结构的重新归类，合同治理被纳入“强制性制度”的范畴，而关系治理则分为规范性制度和认知性制度两类。值得注意的是，该研究提出的强制性制度不仅仅包括合同治理机制，而且包括包含在交易各方之间法律身份背后的法律地位关系，比如通过企业的持股关系或企业章程确立的身份关系。例如，因为施工单位属于国有企业，而在工程施工过程中必须服从政府（股东）的行政指令，也属于强制性制度的范畴。因为这种强制性制度虽然没有建立在明文的合同的基础上，但它是建立在组织之间的股权关系和章程的约定之上的，属于“组织内交易合同”。

从上述文献的回顾可知，关于项目治理实证研究数量很少，基于中国工程管理情境的研究更少，而专门基于中国重大基础设施项目的项目治理实证研究尚未见诸公开发表的文献。邓娇娇（2013）的研究虽然基于中国公共项目情境开展，但其研究聚焦于政府项目委托专业化项目管理机构代建的项目采购模式。而事实上，中国重大基础设施项目绝大多数仍由中央或地方政府部门或其授权分支机构（如指挥部、管委会、政府出资成立的项目公司等）直接管理，而采用代建制的极为少见，这使得其研究在中国重大基础设施领域缺乏解释力。此外，上述研究更多地关注于市场治理，即通过合同治理机制和关系治理机制调节市场交易主体间的项目建设行为，以避免投机，产生合作，并最终保证项目成功。事实上，中国重大基础设施工程的情境有其特殊的“垂直治理”背景。

首先，承担了大量中国重大基础设施工程的承包商，大都属于国有企业。虽然这些承包商正在或已经进行了股份制改造而形成“多元所有制”企业，但在过去的10多年中，甚至直至当今，政府仍然是多数企业控股股东。正因为这种股权关系，使得在许多中国重大基础设施项目中，尽管业主和施工承包单位签订了正式的施工合同，而施工单位往往并不以合同约定或自身获得最大商业利益作为行动的出发点。当业主（往往是政府的分支机构或政府控股的项目型公司）提出高于合同的要求时，往往会获得施工承包单位的高度响应和配合。当这种要求来自业主的高层决策领导（往往是政府高级官员，他们有时甚至有权直接任命国有施工企业的管理层，决定管理层的晋升或去留）时，施工单位甚至会不惜牺牲自身利益配合业主的这种看似“不合理”的要求。这种“合作”行为的产生，也并非是基于“将来再进行交易”的影响或基于“声誉”的考虑。

其次，作为非常具有中国特色的“指挥部”建设模式可以作为证明中国重大基础设施中存在行政协调治理得很好的例子。指挥部一般是业主方的一种行政协调机制，有时候还直接成为项目的业主方。指挥部一般会请高级领导挂帅，担任指挥长，指挥长一般对施工承包单位具有直接的、并非来自双方签订的施工合同的指令权，因为指挥长作为当地行政长官，往往同时手握考核作为国有企业的施工单位绩效的权力。指挥部有时还会将施工单位纳入其中。类似的行政协调机制还包括“重大办”“管委会”“领导小组”，常规行政体系内的建设行政主管部门（建设部，各省市建委、建设厅等）、行业主管部门（如铁路部门、交通部门和水利部门等），也经常作为直接进行行政协调的主体。

因此，我国重大工程项目具有特有的情境特征，作为特殊的建设单位，政府的行政指令在调节组织间关系起到了重要作用。如果组织模式构建得当，政府式治理既能有效推进项目，也能有效平衡公共利益冲突（Zhai et al.，2017；谢坚勋等，2018）。本书将这种治理机制称之为“行政治理机制”。尽管有学者将政府在项目建设中的非正式作用归纳为关系治理的维度之一，比如领导视察、组织的各种创优评比活动等（邓娇娇等，2015），但作者认为，由于政府具有特有的政治特征、社会作用以及在建设项目尤其是政府主导投资的重大工程中的绝对话语权，有必要将政府的行政治理机制视为与市场治理（即合约治理和关系治理）同等重要，形成一个集成的治理框架。至此，在重大工程项目领域将“合同—关系”治理机制框架扩展至“合同—关系—行政”三维治理框架，使之更加“完整”，并符合中国的情境（中国情境下重大工程项目治理结构框架如图 4-1 所示）。

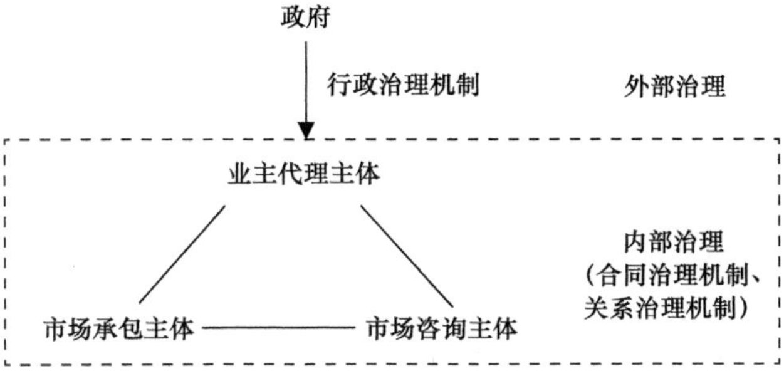

图 4-1 中国情境下重大工程项目治理结构框架图

4.2.2 重大工程项目治理机制的构成

通过系统梳理项目治理机制的文献，现有研究认为项目治理机制主要包括合同治理机制和关系治理机制。结合我国重大工程项目的特有情境主要体现在政府的主导作用，故本书提出我国重大工程项目治理机制的框架由合同治理、关系治理和行政治理共同构成。

1. 合同治理

合同治理（contractual governance，CG），又称为契约治理或正式治理，主要基于正式的、具有法律效力的协议来约束和管理各个组织间的交易。合同协议与市场机制的运作联系在一起，市场机制的行为是由理性经济和价格引起的。合同通过施加明确的、在法律上可执行的合同条款来确保治理效果（Caniëls et al.，2012）。Cox（1993）认为，合同治理的核心要素包括组织间关系、双方的责任、应对风险的措施和合同补偿办法等四个方面。通过专家访谈，一致认为“合同方面，主要是签约，包括合理的风险分担、收益共享、合同的完善程度、合同对项目执行过程中环境变化的适应程度等，在合约流程方面需要反复讨论决策，包括采购的方式，采购对象的范围等，基于利益共同体视角，不同部门从不同角度考虑。其他如合同制度、管理规定，补充协议、会议纪要、工作联系单，这些都属于合约性质”。

2. 关系治理

关系治理（relational governance，RG），也称为关系契约治理或非正式治理，是指通过不同于正式合同的关系规则来实现交易的机制。关于关系治理的构成维度，Poppo et al.（2008）认为包含信任、共享目标和合作；Fink et al.（2009）将基于供应链视角将其划分为冲突解决、关系聚焦、权力限制、团结、角色完整、依赖性和灵活性等；董维维和庄贵军（2012）将其分为关系状态、关系规范和关系行为三个维度。在工程项目领域，Faisolet al.（2005）认为建设行业内组织间的关系契约包括长期合作倾向、团结、互惠、灵活、角色完整性、信息交流、冲突解决、权力限制、监督行为和关系计划；邓娇娇（2013）认为，公共项目的关系治理机制分为信任、承诺、沟通、合作和行业惯例；Wang et al.（2006）认为，包含信任、承诺、协调和联合解决问题；刘常乐（2016）认为，项目外部关系治理机制的维度包括信任、共享愿景和共同解决问题三个维度。访谈专家认为“关系治理，就是为了推进项目的算了实施，为了更和谐、更融洽的工作环境，从而使得合约和工程目标推进得更加顺利。具体包括已有的合作关系、长期合作单位、良好的沟通协调、互相信任、良好的企业文化和个人私人关系等”。

3. 行政治理

本书所界定的“行政治理”（administrative governance，AG）是相对于项目治理传统的“合同治理”和“关系治理”两类机制而言的，特指“政府对重大项目的建设推进所开展的积极管控行为与机制”。行政指令是指行政主体利用组织的权威，运用包括行政命令、指示、规定、条例及规章制度等措施的行政手段进行行政管理活动的方法。也称政府治理（governmental governance），指项目中政府积极参与项目，政府利用自身权威身份，对重大项目的建设推进所积极进行的监督、管理和控制（Zhai et al.，2017）。与已有学者提出的概念“权威治理”“科层治理”类似。访谈专家认为“行政治理，主要通过政府用行政命令要求执行，但这个行政命令更多的是战略性的，往往都是区域行政发展目标；对其他参建方来讲，主要就是服从，因为政府的指令具有强制性，不管建设方、施工方、监理方都得服从”。

4.3 行政治理机制维度

4.3.1 问题描述

重大工程项目大多数为政府投资的大型建设工程，政府在项目治理过程中发挥着重要作用，承担着决策者的角色。政府往往具有多重化身份，如公共管理者、社会公众的代理人、工程间接业主方等，其作用就是确保工程按计划实施，从而保证工程的功能效益、社会效益、经济效益等的成功实现。因此，政府投资下的重大工程项目治理机制主要体现为政府方面的一种制度安排，具体涉及项目全寿命期，如，工程策划、工程实施、工程运营等各个阶段，体现项目各参与方的责权利分配及相互联系，直接影响工程的协调难度，进而影响工程项目整体目标的实现（贾广社等，2010）。

在计划经济时期，基本所有项目都是由政府投资并由政府负责建设，如公共建设项目一般由政府机构自行建设；基础设施项目一般由政府设立工程指挥部或指派国有企业负责建设（李善波，2012）。从这个角度来看，重大工程项目权威治理其实是由项目性质决定。此外，由于重大工程项目具有极度复杂性特征，对于一些复杂的细节问题，有时候仅靠制度不可能得以解决，这时候就需要靠权威治理来实现。权威治理的核心思想靠的是“人治”，只要没有违反法律，即被视为正常，如官员亲临现场解决难题。再者，对重大工程项目的建设，地方政府往往投入了极大的热情，强化了对项目的权威治理。思考其缘由，最主要的激励因素在于地方政府对于政绩的追求，而重大基础设施项目由于其对社会的深远影响和关注度，推动重大工程建设无疑是最能够体现政府政绩的标志，因此，这些激励进一步保障了重大工程项目建设的高速度和高效率（乐云等，2016）。我国在短短几十年内涌现出了许多著名大工程，建立了高度发达的城市基础设施工程就是最好的明证。另外，政府对于重大工程项目建设的热情是普遍现象，许多省、市、县都成立了重大工程项目推进工作领导小组，一般由政府主要领导挂帅、政府系列厅局领导组成。

目前，针对来自政府的第三种治理力量，即“行政治理机制”，已有学者初步提出了类似的概念，如权威治理（Olsena et al.，2005；李善波，2012）、科层治理（Caniëls et al.，2012；Olsenet al.，2005；黄路路，2017；刘常乐，2016）。然而，以重大工程项目作为研究情境和研究对象，尚未对行政治理机制的内容结构进行明确界定。因此，本节将根据上文对行政治理内涵的定义，进一步界定和识别重大工程项目行政治理机制的内涵及构成维度，为后续研究打好理论基础。本部分将采用基于扎根理论的质性研究法，通过收集、挖掘和整理典型的重大工程案例资料和专家访谈资料，旨在没有研究假设的情况下，从大量资料中从下往上分析、归纳出重大项目行政治理机制的关键要素。

4.3.2 理论性取样

鉴于行政治理不属于常规项目管理内容，概念较为抽象，无法完全按照文献中通过随机方式大规模抽取实践人员进行举证的方式来收集事例；同时，文本数据收集的优势在于作者不需要直接接触研究对象和环境，不存在观测对研究对象的干扰，不会构成“霍桑效应”型偏差（李怀祖，2004），获得的数据更具客观性。因此，本研究借鉴已有项目管理领域研究中基于客观事例对相关现象进行识别的思路。具体过程中，则将通过随机抽取的实践人员举证进行事例收集的方式调整为通过公开的重大工程项目文本素材主动搜索的方式进行事例收集，在此基础上对行政治理机制进行识别。

1. 事例收集范围的确定

本书的研究情境为重大工程，根据关于重大工程项目情境的特点，本书在事例收集时选取的重大工程案例遵循以下原则：①投资规模不低于立项年份 GDP 的 0.01%，是国家或地方各级政府经济发展规划中的重点 / 重大项目；②具有战略性和公益性的工程项目，建设过程会调动大量人力、物力、财力等社会资源，建成后更关注长期利益和带动效益；③对国家或区域经济、社会、生态环境等产生深远的影响，社会公众和舆论关注度极高的工程项目；④工程案例的类型分布均匀，应覆盖到重大交通运输工程、重大交通枢纽项目、长大桥梁工程、重大水利水电工程、重大能源设施项目等各种类型的工程项目。

关于多案例研究的数量选择，张敬伟（2015）认为多案例研究的最佳数量为 3 ~ 6 个；Eisenhardt（1989）认为，以 4 ~ 10 个案例做多案例研究的效果最佳，最可能建构出强理论。由于重大工程往往牵扯较多的政治因素，从公开渠道获取数据的难易程度具有不确定性，本书根据以上原则对大量重大工程案例进行了初步资料核查，并根据第三章半结构化访谈中的专家建议，将由政府参与的重大工程项目作为首要的收集对象，最终确定了表 4-1 中来自国家级五年规划项目的 6 个重大工程项目作为事例收集的对象。

表 4–1 项目治理事例收集项目清单

项目名称	投资规模（亿元）	所在城市	项目类型
港珠澳大桥项目	720	香港—珠海—澳门	长大桥梁
京沪高铁项目	2209	北京—上海	高铁
南水北调中线项目	920	南阳—北京	水利工程
青藏铁路二期项目	330.9	西宁—拉萨	铁路
三峡工程项目	2485.37	宜昌—重庆	水利工程
西气东输二期管道项目	463	霍尔果斯—广州	能源设施

同时，关于每个案例中事例选取的数量，案例研究主要在于对典型案例剖析的深度，因此，本书的事例选择重点在于代表性，且限于收集渠道对数据可获得性的影响，对每个重大工程中的事例收集数量不做具体要求。

2. 事例收集的渠道

本章的文本数据主要源于重大工程的纪实报告、官方网站、专题网页、新闻报道和现有文献等。纪实报告是用文学手段处理新闻题材的一种文体，叙写现实中确实存在的事迹和人物，可以在一定程度上保证数据的准确性和客观性。重大工程的建设关注度高，政府的行为和政策都被高度关注，因此，大量大型工程采取纪实报告的方式对有关工程建设进行总结，详细记录建设过程中的杰出成就和参建方为此做出的努力等内容，为本书提供了丰富的研究素材。

重大工程项目的官方网站、专题主页和新闻报道亦是重要的网络资料来源渠道。项目官方网站一般由工程的建设委员会、建设管理局等主办，公布与该工程项目相关通知公告、媒体报道、工程建设、社会环境影响、典型实践等所有信息，如“中国南水北调网”。一般重大工程往往也是参建企业重要的参与项目，会得到企业内部的高度重视，因此会有大量的建设报道、评论或专题，如通过三峡工程的主要施工方葛洲坝公司的官网，可以搜到 1277 篇与三峡工程建设相关的文章，因此主要参建方的企业官网亦是重要数据来源。重大工程竣工后，部分主流媒体会对该工程相关的新闻报道进行总结梳理，并附相关的评论综述等形成专题主页，如，新浪网的“青藏铁路全新贯通”新闻专题、报纸等对重大工程建设过程的动态新闻报道、数据库中的报告文献等资料，尽管分布较为分散，但亦是本次研究数据收集的重要补充。

3. 事例收集过程与结果

事例的收集过程包括两组，第一组针对 6 个重大工程项目案例进行文本分析，用于模型构建；第二组针对非结构化访谈结果进行分析，用于理论饱和度检验。

第一组：模型构建。在 2017 年 3 月至 2017 年 7 月期间，在导师的自然科学基金委重大项目课题组协助下，通过上述渠道收集了 6 个案例的所有资料，整理了近 40 万字的案例报告。事例收集的具体过程是基于课题组前期研究基础，依据项目治理的维度与内涵释义，收集关于重大工程行政治理定义的事例。文本数据采集过程工作量庞大，工作周期较为漫长，前后经历了 4 个月的时间。需要通过大量文献阅读对行政治理的概念、范围、表现等有较为深刻的理解，由此形成对行政治理定义的理论认知作为在文本中搜索和筛选目标事例的标准。最终，通过公开的文本素材搜索，共得到 229 条满足要求的事例，项目分布结果如表 4-2 所示。

表 4–2 重大工程项目的行政治理案例数据收集结果

序号	重大工程项目	编码范围	案例数量
1	港珠澳大桥项目	aaa1—aaa68	68
2	京沪高铁项目	aaa69—aaa76	8
3	南水北调中线项目	aaa77—aaa120	44
4	青藏铁路二期项目	aaa121—aaa145	25
5	三峡工程项目	aaa146—aaa213	68
6	西气东输二期管道项目	aaa214—aaa229	16
	总计		229

第二组：理论饱和度检验。为确保访谈的可靠性和质量，被访者的行业背景和专业水平尽可能地做到了多样化，保证了访谈的信度，专家包括业主（3 位）、施工（1 位）和项目管理咨询（4 位）等单位的高层管理人员；其中，6 位专家为 40 岁以上、均有 10 年以上重大工程工作经验。围绕问卷题项的陈述一致性和效度对专家进行深度访谈，整理得到近 5 万字的访谈记录，8 位专家举证共得到重大工程的 26 条事例。

事例收集工作为本次研究提供了重要的现实基础。一方面，确保本书的研究对象源自重大工程实践中的客观现象，印证了本研究的实践价值；另一方面，事例收集为行政治理识别提供了实践基础，有助于在识别的理论成果与重大工程实践之间建立有效的映射关系，确保结论可为客观实践提供切实可靠的理论依据。

4.3.3 资料分析

1. 信度与效度检验

本书从以下几个方面来保证研究的信度：第一，在选择受访者进行采访时，事先通过电话或邮件的方式与受访者沟通研究主题和范围。第二，由 2 名研究者参加访谈过程，其中一人负责通过访谈提纲提问受访者，另外一人负责记录。第三，在征得同意后，进行了录音。第四，访谈结束后，立即整理访谈记录并将录音资料转化为文本资料，并由 2 名研究人员共同核对资料以保证精准记录，最终形成访谈报告。

本书通过三角检测法（Triangulation）进行效度检验。本书的分析资料涉及高速公路、高铁、能源设施等不同项目种类，受访者来自业主方、承包商和咨询单位等。多样化的资料来源途径、多元化的采访观点可以保证研究效度。

2. 开放性编码

开放性编码的过程是指将案例收集的数据逐步进行概念化和范畴化，即不带个人主观意愿，将收集的资料重新整理并提取概念，然后重新进行组织（陈向明，2002）。本书采用手工编码的方法，主要包括两个步骤：贴标签、概念化和范畴化。

（1）贴标签

贴标签是指仔细分析重大工程项目收集的文本资料，筛选出资料中与研究主题（即行政治理机制）相关，且语句或语段相对独立、信息完整的信息贴上标签。经过对重大工程典型案例进行文本资料仔细分析共贴出 229 个标签，将其设定为最小的分析单元，用于构建模型。类似，对专家访谈资料提取出 26 个事例，用于理论饱和度检验。

（2）概念化和范畴化

概念化和范畴化的过程是指基于贴出来的 229 个标签，将其所表征的现象赋予具体概念，并进一步归类分析相关概念，识别出有价值的现象，将相关的概念聚拢为一个范畴。在经过对行政治理机制关键要素范畴化的“组配”过程后，最终提炼出了 65 个范畴。表 4-3 是对港珠澳大桥项目资料开放性编码的举例说明。

3. 主轴性编码

主轴性编码的主要目的是发现和建立概念范畴之间的各种联系，也就是进一步凝练开放性编码中抽取出来的各项范畴（Pandit，1996）。

本书对开放性编码中得到的 229 个概念和 65 个范畴进行仔细比对，将这些概念和范畴置于重大工程项目情境，结合重大工程项目实施过程中所面临的实际情况，最终获得重大工程项目行政治理机制的主要范畴 3 个和次要范畴 11 个，如表 4-4 所示。

4. 选择性编码

选择性编码是指通过分析资料的“主要线索”识别可以将其他范畴联系起来的核心范畴。通过核心范畴可以将大多数研究结果联系起来进而起到提纲挈领的作用，从而形成一个完整的理论框架（Corbin & Strauss，1990）。

本部分选择“重大工程项目行政治理机制”作为核心编码，将采用故事线的思想进行指导编码（陈向明，1999）。具体步骤如下：第一步，结合对比分析原始资料和各级编码，将重大工程项目行政治理机制概念的故事脉络定义为：为了促进重大工程项目的成功实施，政府往往通过决策、监督和协调机制对项目进行治理；第二步，联系和比较主范畴和次要范畴，将政府决策、政府监督、政府协

表 4-3　港珠澳大桥项目资料开放性编码过程

重大工程项目记录（部分）（贴标签）	开放性编码	
	概念化	范畴化
…… 2006 年 12 月底，中央政府决定由国家发展与改革委员会牵头，交通部、国务院港澳办、广东省政府、香港特别行政区政府和澳门特别行政区政府代表共同组成的协调决策、监管的组织机构——"港珠澳大桥专责小组"，主要职能：主要负责协调由港珠澳大桥前期工作协调小组提交的决策议案（aaa22）和重大决策问题（aaa23）以及中央政府交待的其他问题（aaa24），解决大桥项目前期工作中涉及中央事权及三地存有争议的重大问题（aaa25）。基本职能包括：中央政府负责批准项目基本设想(aaa26),指导签订三地协调方案(aaa27),指导和处理项目有关的法律（aaa28）和公权事务协调方案的确定及相应的决策、沟通及协调（aaa29），在粤港澳三地政府就有关三地社会、经济关系处理意见不一致时进行必要、适当的协调沟通（aaa30）；国务院及港澳办、发改委、交通部等部门职能是，根据中央批准的方案、三地协调方案，分别行使基于宪法和组织机构法明确的与大桥项目相在职责（aaa31），落实相应的政策支持（aaa32）. 当有关法律的解释和调整涉及立法机构全国人大的决定时，国务院及有关部门按照中央批准的方案，按程序与全国人大沟通（aaa33），获得法律批准（aaa34）。 ……	aaa22 协调决策议案 aaa23 协调重大决策问题 aaa24 协调中央政府交代的问题 aaa25 协调工作中涉及中央事权及三地存有争议的重大问题 aaa26 批准项目设想 aaa27 指导签订协调方案 aaa28 指导和处理项目法律 aaa29 指导公权事务协调方案 aaa30 协调社会、经济关系处理意见 aaa31 明确与大桥项目有关职责 aaa32 落实相应的政策支持 aaa33 与全国人大沟通 aaa34 获得法律批准 ……	aa52 协调方案性问题、技术问题以及重大方针政策问题 aa53 协调中央各部门之间、中央和地方之间的关系 aa1 制定合理政策和管理办法 aa3 创造制度环境 aa54 协调各省间的关系 aa56 协调管理机关及相关单位外事工作 aa12 贯彻落实国家法律、法规、政策、措施和决定

表 4-4　重大工程项目行政治理机制主轴性编码——形成主范畴

主范畴	次要范畴	开放性编码提取的范畴
A1 政府决策	a1 制定规划或管理办法	aa1 制定政策和管理办法；aa2 编制发展规划；aa3 创造制度环境；aa4 制定工程移民工作管理办法；aa5 制定关于枢纽工程、输变电工程、移民工作等政策建议；aa6 拟定有关法规提案；aa7 制定发展规划和开发地区的政策；aa8 制定移民安置规划
	a2 决策方针政策	aa9 对项目建设中的方针政策做出决策；aa10 对项目建设中的重大步骤做出决策；aa11 制订合理的水价政策；aa12 贯彻落实国家法律、法规、政策、措施和决定
	a3 制订资源配置方案	aa13 制订项目资源合理配置方案；aa14 进行优化资源配置；aa15 制订水资源合理配置方案

续表

主范畴	次要范畴	开放性编码提取的范畴
A2 政府监督	a4 组建项目法人并监督科学决策	aa16 组建项目法人；aa17 监督项目法人的科学决策；aa18 监督项目运行；aa19 督促、检查会议决定事项的落实；aa20 监督移民搬迁安置规划的实施；aa21 监督检查工程建设各方责任主体
	a5 监督项目建设程序及方案变更等	aa22 监督项目建设程序；aa23 监督建设过程方案及变更；aa24 监督环保；aa25 监督审计；aa26 监督治污工程建设；aa27 审查初步设计的重大变更；aa28 监督抽查工程质量评定情况；aa29 监督检查工程实体质量；aa30 监督工程建设全过程各个工序；aa31 组织工程验收工作
	a6 监督招标及合同管理	aa32 监督项目工作计划；aa33 监督人事管理事宜；aa34 监督招标；aa35 监督合同管理；aa36 监督计划、资金和工程进度的综合平衡
	a7 监督工程建设资金的筹措及管理	aa37 监督工程投资总量；aa38 监督工程建设资金的筹措及管理使用；aa39 监督投资计划执行情况；aa40 监督和审查年度投资价格指数和价差；aa41 审核监督预备费项目和投资结余使用项目计划；aa42 审核监督由于政策调整增加的工程投资
A3 政府协调	a8 协调征地拆迁和移民安置	aa43 协调征地拆迁; aa44 协调移民搬迁安置; aa45 安排移民搬迁年度大类计划; aa46 指导移民培训工作；aa47 协调监察部门对移民资金的监督检查；aa48 协调并推动移民外迁和对口支援
	a9 协调社会利益关系	aa49 协调项目涉及的社会利益关系；aa50 协调调水区和受水区的利益关系；aa51 协调调水与防汛、抗旱关系；aa52 协调方案性问题、技术问题以及重大方针政策问题
	a10 协调政府部门关系	aa53 协调中央各部门之间、中央和地方之间的关系；aa54 协调各省间的关系；aa55 协调项目与外国政府以及组织间的合作与交流；aa56 协调管理机关及相关单位外事工作
	a11 协调与项目有关的公共事务	aa57 协调地方配套工程建设的组织；aa58 协调对外宣传；aa59 协调项目运行管理体制；aa60 协调工程综合调度方案工作；aa61 协调迁建区文物保护工作；aa62 协调节水治污及生态环境保护工作；aa63 协调地质灾害治理工作；aa64 协调工程重大装备的技术攻关和自主化（国产化）工作；aa65 协调生态建设、环境保护科技攻关工作

调作为行政治理机制在重大工程项目实施中的具体表现；第三步，进一步梳理核心范畴和其他层级范畴的关系，如“政府决策”（A1）可作为重大工程项目行政治理机制，主要方式就是制定规划或管理办法（a1），具体包括编制发展规划（aa2），制定工程移民工作管理办法（aa4），制定枢纽工程、输变电工程、移民工作的政策建议（aa5）等。经过系统分析，核心范畴、主范畴、次要范畴和概念构成了一个整体，建立了关联体系，最终得到重大工程项目行政治理机制的构成体系。

5. 理论饱和度检验

基于第二组的八份专家访谈记录的梳理，获得 26 个标签，进一步编码和分析并未形成新的重要范畴和关系，主范畴内部也没有发现和补充新的理论。由此可以评定模型的整合过程可靠，实现了理论上的饱和。因此，通过扎根理论构建得到重大工程项目的行政治理机制框架。

4.3.4 维度构成

本节通过六个重大工程项目案例的梳理和八份非结构化专家访谈，采用扎根理论的质性研究方法，识别出重大工程的行政治理机制的内容维度，包括政府决策，政府监督和政府协调。行政治理机制主要是通过权威—交换的分层模式来实现，即对行政程序和控制系统的依赖。由于权力需要权力来控制他人的活动，所以权力由一方能够确定贸易条件的程度以及实施监督的标准操作程序的程度来表示。正如一位专家指出："实际上在中国我们的重大基础设施工程，基本上是政府指导的。可能政府里面集全国之力办大事，比如奥运也好，不管是建设还是具体的一个项目，还是什么大的事情，抗洪救灾啊、地震啊、奥运啊、世博啊，其实绝对是因为他是非常强有力的集权，包括强有力的手段。"重大工程行政治理机制的内容，从内在结构逻辑的角度，是由政府决策、政府监督和政府协调三个主范畴构成的核心范畴，每个主范畴又包括很多个次要范畴和概念。重大工程项目行政治理机制各个维度的具体含义如下。

（1）政府决策（government decision，GD）

该维度是指政府运用行政指令对重大工程的方针政策、资源配置等制定决策，具体因素包括：制定规划或管理办法（GD1），决策方针政策（GD2），制定资源配置方案（GD3）。

（2）政府监督（government supervision，GS）

该维度是指政府对建设方案及资金筹措管理等行使监督职能，具体因素包括：组建项目法人并监督科学决策（GS1），监督项目建设程序及方案变更等（GS2），监督招标及合同管理（GS3），监督工程建设资金的筹措及管理（GS4）。

（3）政府协调（government coordination，GC）

该维度是指政府运用其特殊身份行使协调职能，具体因素包括：协调征地拆迁和移民安置（GC1），协调社会利益关系（GC2），协调中央各部门之间、中央和地方之间的关系（GC3），协调与项目有关的公共事务（GC4）。

可以看出，本部分的行政治理机制构成维度是采用扎根理论方法，围绕我国重大工程项目的资料展开，相对于目前已有的项目治理文献研究，体现了重大项目治理机制的中国特色。最终所获得的重大工程项目的行政治理也恰恰体现了我国重大项目治理机制具有的特殊性，也进一步说明在中国文化背景下，重大工程项目治理必须要关注政府的主导作用。

4.4　合同治理和关系治理机制维度

4.4.1　问题描述

通过第 2 章文献综述可以看出，总体上，目前关于项目治理机制的类型及构成要素研究很不统一，但已有的研究达成共识，项目治理机制由合同治理和关系治理构成。其中，合同治理机制是指业主通过硬性的明文约定的方式，对设计单位、施工单位等供应商的行为进行协调、控制和约束的行为和措施，如签订严密的承包合同，合理的风险分担等；关系治理机制则是指业主通过相当软性的、非明文约定的方式，对设计单位、施工单位等供应商的行为进行协调、控制和约束的行为和措施，如建立良好的工作关系和私人关系，通过良好的沟通建立信任、促进合作等。然而在我国重大基础设施工程情境下，合同治理机制和关系治理机制的构成维度尚待进一步研究讨论。因此，本节将对已有文献进行文献综述和内容分析，然后通过重大工程专家访谈对梳理出的维度和要素进行补充，从而探索出重大工程项目情境下的合同治理机制和关系治理机制的内容框架。

4.4.2　文献分析

基于第 2 章文献综述，查阅关于项目治理因素等方面的研究文献，将相关文献已论证的项目治理因素等进行归纳，采用内容分析法筛选出一般项目的项目治理因素。内容分析法是指利用客观、系统地识别指定的特征信息进行推论的一种技术（Holsti，1969），研究人员能够通过大量的数据排序、发现并描述个体、组织、机构或社会关注（Fellows and Liu，2008）。

1. 合同治理

合同治理机制方面，已有许多学者进行了研究，基于文献综述与内容分析法对合同治理维度进行分析，结果如表 4-5 所示。可以看出，合同治理机制主要包括风险分担、收益分配和问责机制等维度。

（1）风险分担机制

风险分担是一个与合同有着密切关系的动态复杂过程。风险分担机制是指通过在合同中设置保护利益和协调行动的功能性条款，以及在结构上设计确定性和适应性的条款，从而降低项目的交易成本，提高项目治理水平促进项目成功（邓娇娇，2013）。

表 4–5　合同治理的内容分析

维度	Henisz& Levitt（2011）	Caniëls et al.（2012）	Olsena et al.（2005）	Chen & Manley（2014）	严玲等（2016）	张磊等（2017）	夏超尘（2014）	周晓宏等（2011）
风险分担	√	√	√	√	√	√	√	√
收益分配	√	√	√	√	√	√	√	√
选择机制					√			
问责机制	√				√			

表 4–6　关系治理机制的内容分析

维度	Caniëls et al.（2012）	Henisz & Levitt（2011）	Chen & Manley（2014）	Olsena，et al.（2005）	Lu et al.（2014）	严玲等（2016）	夏超尘（2014）	周晓宏等（2011）	邓娇娇等（2015）	刘常乐（2016）
信息共享			√		√	√	√	√	√	√
共同解决问题			√			√	√	√	√	√
信任机制	√			√	√	√	√		√	√

（2）收益分配机制

收益无疑是最直接的激励因素。收益分配机制是指在实际项目建设过程中，对合同履行情况的相应奖惩的制度（邓娇娇，2013）。总体上，合理的收益报酬不仅强调与项目实际特征和要求的符合性，也强调承担相应风险应获得的补偿。

（3）问责机制

问责机制又称绩效考评机制，项目管理行为决定了项目管理绩效。绩效问责机制是指业主方或项目管理方在利用和管理重大工程项目资源的过程中制订相应制度来明晰必须承担基本的、必要的责任，并进一步交待和说明应对其承担和履行的责任（严玲等，2016）。

2. 关系治理

关系治理机制方面，已有许多学者进行了研究，基于文献综述与内容分析法对关系治理维度进行分析，结果如表 4-6 所示。可以看出，关系治理机制主要包括信息共享、共同解决问题和信任等维度。

（1）信息共享

与信息共享机制类似是沟通机制，关系治理中的沟通方式主要为非正式沟通

（邓娇娇等，2015；严玲等，2016）。信息共享已经被视为一种重要的关系规范，信息沟通的及时性、准确性、完整性、充足性等成为各种研究中广受认可的衡量沟通质量的标准。在重大工程项目中，除了合同和协议建立的正式沟通渠道外，业主和其他项目参与方还存在着大量的如现场会议、协调会等建筑行业特有的重要的非正式沟通途径。

（2）共同解决问题

与共同解决问题机制类似的是合作机制。重大工程项目中的合作机制是指可为项目各参与方带来利益的共同行动及其意愿的制度，如共同目标、合作意愿、相互协作及联合行动等，共同解决遇到的问题（邓娇娇等，2015；严玲等，2016）。通过合作机制可以调整项目各参与方之间的行为和资源配置，有助于建设项目协调管理活动的顺利开展。

（3）信任机制

信任是指社会交换模式，通过调查管理关系的关系规范以及感知的个人关系的重要性（Caniëls et al.，2012）。当项目参与方之间存在较高信任时，合同内容执行将反映出组织间的关系，如扩大开放性的合同条款，提高缔约效率，以及不再过多追究过失转而将更多精力用于解决风险问题等。总体上，在项目实施过程中，业主在项目前期需要多关注代理商能力，在招投标、合同谈判等过程中形成初步的信任；随着项目的实施，双方交往频率和了解程度的不断增加，进一步深化基于能力和良好预期的信任（刘常乐，2016）。

4.4.3　专家访谈

专家访谈的目的：结合具体重大工程项目的实际情况，向被访谈者征询对合同治理机制和关系治理机制的看法，对初始指标进行补充和优化完善。本书采用两轮德尔菲访谈法。德尔菲法是指通过向专家发函而征求意见的一种调研方法。结合已有的项目治理机制要素和重大工程项目特征，设计一系列测度指标，背对背分别征询专家对测度指标的意见，进行统计处理后将结果分别反馈给各位专家，直到专家的意见趋于一致，则由最后一次确定出合同治理和关系治理机制因素（Linstone & Turoff，1975）。大多数的德尔菲研究不超过20人（Ludwig，1997）。因此，选取了来自实践界的具有重大工程项目经验8位专家进行访谈。

第一轮德尔菲专家访谈，结合第一轮访谈结果，对通过文献综述和内容分析法所获得的合同治理因素和关系治理要素进行了如下补充和完善。

1. 合同治理机制

删除问责机制，并对相关指标进行合并与调整。通过访谈，专家一致认为问责机制在重大工程合同治理机制中的意义不明确，建议删除。

2. 关系治理机制

（1）关系治理机制方面，删除信任维度，并对其指标进行了合并与调整。专家认为信任是关系治理的结果，关系治理机制应该指采取的非正式手段或制度。

（2）关系治理机制方面，增加文化建设的维度。通过访谈，专家一致认为在中国情境下的重大基础设施项目，通过不断的文化建设活动可以加强归属感、认同感，主动自发地进行合作，避免投机行为。一些重大项目经常举办劳动竞赛等活动，如世博项目的“项目的利益高于一切”“为了赶工期，放弃节假日”等项目文化；采取价值驱动的承诺方式，包括“百日誓师”等（Zhai et al.，2017；宋宇名，2018）。因此，关系治理机制方面增加文化建设维度，包含组织考察学习等活动，建立项目伙伴关系，倡导愉悦的项目文化，开展劳动竞赛等文化建设活动等因素。

第二轮的德尔菲访谈，将修正后的合同治理机制和关系治理机制因素反馈给专家们，专家们被要求评估第一轮的调查结果。结果表明，对修正后的合同治理和关系治理机制基本达成了共识。最终，通过两轮的访谈，将合同治理机制归纳为风险分担和收益分配维度，关系治理机制包括信息共享，共同解决问题和文化建设维度，其具体维度和因素分别如表 4-7 和表 4-8 所示。

表 4-7　访谈后的重大工程合同治理机制因素

维度	潜在因素及指标
风险分担	责权利的明确性（RS1），争议风险的处理程序（RS2），不可预见事件的应对措施（RS3），利益诉求的合理性（RS4），争议处理的责任和权利（RS5）
收益分配	奖励条款的设置（RD1），惩罚条款的设置（RD2），收益获得的合理性（RD3），法律法规的合同价款调整（RD4），物价波动的合同价款调整（RD5）

表 4-8　访谈后的重大工程关系治理机制因素

维度	潜在因素及指标
信息共享	信息通报的及时性（IS1），信息交换的准确性（IS2），信息共享的充足性（IS3），非正式渠道沟通（IS4）
共同解决问题	积极解决合作冲突和争论（SP1），帮助相关方解决问题（SP2），项目各方共同承担责任（SP3），各方全力解决项目问题（SP4）
文化建设	组织考察学习等活动（CD1），建立项目伙伴关系（CD2），倡导愉悦的项目文化（CD3），实施劳动竞赛等文化建设活动（CD4）

4.4.4　维度构成

本节首先对已有项目治理机制的文献综述采用内容分析法识别出初步的治理因素，然后采用两轮德尔菲专家访谈进一步优化提炼出重大工程项目的合同治理机制和关系治理机制的维度和因素，从而最终将合同治理机制归纳为风险分担和收益分配维度，关系治理机制包括信息共享，共同解决问题和文化建设维度。

1. 合同治理机制

（1）风险分担（risk sharing，RS）

风险分担机制是指通过一些措施以及制订明确的责任、权利和义务，通过合理的风险分担降低项目交易成本，最终提高项目治理水平，促进项目成功。具体因素包括：责权利的明确性（RS1），争议风险的处理程序（RS2），不可预见事件的应对措施（RS3），利益诉求的合理性（RS4），争议处理的责任和权利（RS5）。

（2）收益分配（revenue distribution，RD）

收益分配机制是指制订合同价款可随风险事件的发生而进行相应调整，以及对合同履行情况制订相应奖惩的一种制度。合理收益分配一方面要与项目实际特征和要求相符，另一方面也要承担相应风险获得的补偿。具体因素包括：奖励条款的设置（RD1），惩罚条款的设置（RD2），收益获得的合理性（RD3），关于法律法规的合同价款调整（RD4），关于物价波动的合同价款调整（RD5）。

2. 关系治理机制

（1）信息共享（information sharing，IS）

信息共享机制主要是指通过非正式的沟通方式进行交流。在重大工程项目中，除了合同和协议建立的正式沟通渠道外，业主和其他项目参与方还存在着大量的如现场会议、协调会等建筑行业特有的重要的非正式沟通途径。具体因素包括：信息通报的及时性（IS1），信息交换的准确性（IS2），信息共享的充足性（IS3），非正式渠道沟通（IS4）。

（2）共同解决问题（problem solving，SP）

重大工程项目中的共同解决问题机制是指可为项目各参与方带来利益的共同行动及其意愿的制度，如共同目标、合作意愿、相互协作及联合行动等，最终共同解决遇到的各种问题。具体因素包括：积极解决合作冲突和争论（SP1），帮助相关方解决问题（SP2），项目各方共同承担责任（SP3），各方全力解决项目问题（SP4）。

（3）文化建设（culture development，CD）

文化建设为新增的关系治理机制维度，是中国情境下重大工程特有的关系治理机制，如劳动竞赛、社区共建、党员先锋队等都是重大工程建设中常用的文化建设方法，对项目成功起到了很大的作用。具体因素包括：组织考察学习等活动（CD1），建立项目伙伴关系（CD2），倡导愉悦的项目文化（CD3），实施劳动竞赛等文化建设活动（CD4）。

4.5 本章小结

本章在分析重大工程项目情境特征的基础上，采用扎根理论构建法对行政治理机制的内容结构进行了探索性研究，得出行政治理机制包括政策决策、政府监督和政府协调三个维度；通过文献分析和专家访谈法对合同治理机制和关系治理机制的内容结构进行优化研究，得出重大工程项目的合同治理机制包括风险分担和收益分配维度，关系治理机制包括信息共享、共同解决问题和文化建设维度。因此，通过本章的质性分析，初步确定我国重大工程项目治理机制包括合同治理（CG）、关系治理（RG）和行政治理（AG），从而构建出我国重大工程项目治理机制的三维框架（CG，RG，AG）。

第 5 章 重大工程项目治理机制的因子分析

第 4 章通过定性研究构建出重大工程项目治理机制的初步框架，本章将采用实证研究方法进一步定量分析项目治理机制的具体维度。基于第 4 章的重大工程项目治理机制的内容维度，开发合同治理量表、关系治理量表和行政治理量表，采用探索性因子识别出重大工程项目治理机制的 6 个因子，从而为后续项目治理机制对项目成功的影响机理研究提供基础。

5.1 项目治理量表

5.1.1 合同治理量表

结合已有的文献研究结论和专家访谈结果，本书构建了我国情景下重大工程项目的合同治理测量量表，条款内容和来源如表 5-1 所示。

表 5–1 合同治理量表

维度	题项数	题项	题项来源
风险分担（RS）	5	合同对于各方责权利、项目目标的规定是明确的（RS1）	Caniëls et al., 2012；Chen & Manley 2014；Olsena et al., 2005; 严玲等，2016
		合同对于未来可能出现争议的风险有明确的处理程序和原则（RS2）	
		合同规定了不可预见事件发生时，各方具体应对措施（RS3）	
		合同对于争议处理或未约定的事项充分考虑了相关方的利益诉求（RS4）	
		合同对于争议处理或未约定的事项充分考虑了相关方的责任和权利（RS5）	
收益分配（RD）	5	合同对提前竣工以及投资节余等设置了相应奖励条款（RD1）	
		合同对未能有效履行合同的情况设置了相应惩罚条款（RD2）	
		我方获得的收益与项目的规模、复杂程度、特殊要求等是相符的（RD3）	
		合同对法律法规及相关政策变动设置了价款调整并予以支付（RD4）	
		合同对物价波动以及工程变更等设置了价款调整并予以支付（RD5）	

5.1.2 关系治理量表

结合已有的文献研究结论和专家访谈结果，本书构建了我国情景下重大工程项目关系治理测量量表，条款题项和来源如表 5-2 所示。测量条款中除了对信息共享机制、共同解决问题机制等方面考察以外，基于重大工程的特殊情境，增加了文化建设维度方面的条款，测量量表的信度和效度有待后续实证研究检验。

表 5-2　关系治理量表

维度	题项数	题项	题项来源
信息共享（IS）	4	各方能够及时通报相关信息、变化以及事件等（IS1）	Chen & Manley，2014；Lu et al.，2014；邓娇娇等，2015；严玲等，2016
		各参与方之间交换的信息是准确的（IS2）	
		各参与方之间的信息共享是充足的（IS3）	
		各参与方之间经常利用非正式渠道进行沟通（IS4）	
共同解决问题（SP）	5	项目各参与方以积极合作的态度解决合作中出现的冲突和争论（SP1）	
		我方能够提供相关支持以帮助参与方解决问题（SP2）	
		项目各方对意外变化能客观处理，共同承担责任（SP3）	
		项目各方会调动各自资源，全力解决项目实施过程所遇到的问题（SP4）	
		当不可预见情况出现时，项目各方合作寻找解决方案（SP5）	
文化建设（CD）	4	我方经常与主要合作方进行会餐、互送小礼物并组织考察、学习等活动（CD1）	专家访谈获得
		项目鼓励参建各方在遵照合同基础上，建立项目伙伴关系（CD2）	
		我方积极倡导愉悦的项目文化（CD3）	
		项目实施了劳动竞赛、社区共建、文明工地、党员先锋队等文化建设活动（CD4）	

5.1.3　行政治理量表

结合已有的文献研究结论和专家访谈结果，本书构建了我国情景下重大工程项目行政治理测量量表，条款内容和来源如表 5-3 所示。测量条款包括政府决策、政府监督、政府协调等维度，测量量表的信度和效度有待后续实证研究检验。

表 5-3　行政治理量表

维度	题项数	题项	题项来源
政府决策（GD）	3	政府部门为项目制定相关的规划或管理办法（GD1）	扎根理论获得
		政府部门对项目建设中的方针政策、重大步骤做出决策（GD2）	
		政府部门制定项目资源合理配置方案（GD3）	
政府监督（GS）	4	政府部门组建项目法人，并对项目法人的科学决策实施监督（GS1）	扎根理论获得
		政府部门对项目建设程序、建设过程方案及变更、质量和环保等进行监督（GS2）	
		政府部门对项目工作计划、人事管理事宜、招标及合同管理进行监督（GS3）	
		政府部门对工程投资总量、工程建设资金的筹措及管理使用进行监督控制（GS4）	
政府协调（GC）	4	政府部门负责组织或协调征地拆迁、移民安置（GC1）	扎根理论获得
		政府部门负责协调项目涉及的社会利益关系（GC2）	
		政府部门负责协调中央各部门之间、中央和地方之间的关系（GC3）	
		政府部门负责协调与项目有关的公共事务（GC4）	

5.2　变量描述性统计分析

为了总体把握测量变量收集数据的整体分布特征，对各测量条款的样本数据进行包括均值、标准差、偏度和峰度等的描述性统计分析，描述性统计结果见表 5-4。

从表 5-4 可以发现，除了 CD1，其他测度指标的均值都超过 3，说明样本可用于项目治理分析。另外，所有变量的偏度绝对值均远远小于 3，峰度绝对值均远远小于 10，说明收集到的大样本数据服从正态分布的要求，可以进一步进行数据分析①。

表 5–4　项目治理各测量题项的描述性统计

变量	均值		标准差	方差	偏度		峰度	
	统计量	标准误	统计量	统计量	统计量	标准误	统计量	标准误
RS1	4.09	0.062	0.956	0.914	-1.017	0.159	0.706	0.316
RS2	3.99	0.066	1.013	1.026	-0.780	0.159	-0.265	0.316
RS3	3.88	0.066	1.012	1.023	-0.699	0.159	-0.148	0.316
RS4	3.67	0.071	1.086	1.179	-0.592	0.159	-0.316	0.316
RS5	3.75	0.067	1.034	1.069	-0.627	0.159	-0.201	0.316
RD1	3.61	0.080	1.233	1.521	-0.514	0.159	-0.726	0.316
RD2	4.20	0.058	0.889	0.791	-1.204	0.159	1.457	0.316
RD3	3.57	0.075	1.143	1.306	-0.573	0.159	-0.423	0.316
RD4	3.71	0.072	1.098	1.207	-0.654	0.159	-0.227	0.316
RD5	3.70	0.072	1.104	1.219	-0.753	0.159	-0.121	0.316
IS1	3.90	0.064	0.984	0.969	-0.643	0.159	-0.329	0.316
IS2	3.74	0.064	0.982	0.964	-0.269	0.159	-0.831	0.316
IS3	3.52	0.069	1.051	1.105	-0.240	0.159	-0.742	0.316
IS4	3.71	0.070	1.080	1.166	-0.667	0.159	-0.117	0.316
SP1	3.89	0.061	0.929	0.863	-0.543	0.159	-0.221	0.316
SP2	4.15	0.055	0.847	0.717	-1.056	0.159	1.457	0.316
SP3	3.66	0.071	1.095	1.200	-0.590	0.159	-.382	0.316
SP4	3.92	0.061	0.937	0.878	-0.686	0.159	0.104	0.316
SP5	3.93	0.058	0.889	0.790	-0.786	0.159	0.429	0.316
CD1	2.93	0.082	1.259	1.585	0.000	0.159	-1.068	0.316
CD2	3.96	0.063	0.969	0.938	-0.796	0.159	0.352	0.316
CD3	3.85	0.069	1.059	1.122	-0.757	0.159	-0.045	0.316
CD4	3.86	0.073	1.111	1.235	-0.803	0.159	-0.104	0.316
GD1	3.63	0.076	1.159	1.344	-0.662	0.159	-0.323	0.316
GD2	3.70	0.073	1.115	1.244	-0.694	0.159	-0.227	0.316
GD3	3.42	0.075	1.146	1.313	-0.398	0.159	-0.577	0.316
GS1	3.66	0.072	1.111	1.234	-0.653	0.159	-0.214	0.316
GS2	4.10	0.056	0.861	0.742	-0.927	0.159	0.829	0.316
GS3	3.80	0.066	1.009	1.018	-0.739	0.159	0.195	0.316
GS4	3.91	0.065	0.994	0.988	-0.979	0.159	0.836	0.316
GC1	4.04	0.060	0.926	0.858	-0.858	0.159	0.583	0.316
GC2	3.88	0.064	0.980	0.960	-0.638	0.159	-0.078	0.316
GC3	3.91	0.064	0.985	0.971	-0.874	0.159	0.614	0.316
GC4	3.92	0.058	0.883	0.780	-0.675	0.159	0.420	0.316

① 为满足后续理论假设和模型检验需要，需要对问卷数据进行正态性检验。本书采用常用的偏度和峰度正态性检验法，检验标准如下：偏度绝对值小于 3，峰度绝对值小于 10，表明样本数据基本服从正态分布（吴明隆，2010）。

5.3 项目治理机制的因子识别

5.3.1 信度与效度分析

（1）信度分析

信度是指由多次测量所获得的结果之间的一致性或稳定性（吴明隆，2010）。在本书中，校正项目总相关系数（Corrected-Item Total Correlation，CITC）和 Cronbach's α 信度系数被用于信度检验。其中，前者作为净化条款的标准①，后者作为检验条款的内部一致性的标准②。经分析，项目治理总量表的总体 Cronbach's 系数值为 0.951，大于 0.80，内部一致性信度佳。项目治理量表信度检验结果如表 5-5 所示。可以发现，"Cronbach's Alpha 值"列的数值除题项 IS4 和 CD1 的值稍大于 0.951 外（虽然删除题项 IS4，CD1 后，内部一致性系数变高，但其变化甚小），其余题项删除后的系数均不大于 0.951，表示项目治理量表的内部一致性信度佳。

表 5–5 项目治理内部一致性信度分析结果

测量题项	CITC	项已删除的 Cronbach's Alpha 值	测量题项	CITC	项已删除的 Cronbach's Alpha 值
RS1	0.555	0.950	SP4	0.693	0.949
RS2	0.555	0.950	SP5	0.710	0.949
RS3	0.533	0.950	CD1	0.323	0.953
RS4	0.621	0.950	CD2	0.606	0.950
RS5	0.619	0.950	CD3	0.672	0.949
RD1	0.440	0.951	CD4	0.648	0.949
RD2	0.406	0.951	GD1	0.600	0.950
RD3	0.649	0.949	GD2	0.592	0.950
RD4	0.581	0.950	GD3	0.628	0.950
RD5	0.578	0.950	GS1	0.642	0.950
IS1	0.641	0.950	GS2	0.678	0.949
IS2	0.661	0.949	GS3	0.640	0.950
IS3	0.664	0.949	GS4	0.576	0.950
IS4	0.365	0.952	GC1	0.557	0.950
SP1	0.665	0.949	GC2	0.643	0.950
SP2	0.568	0.950	GC3	0.587	0.950
SP3	0.675	0.949	GC4	0.668	0.949

① 本书采用卢纹岱（2002）的研究结论，以 0.3 作为利用 CITC 判别条款是否予以删除的临界值。因此，对于 CITC 值小于 0.3 且删除后可以增加 α 值的条款应予以删除（卢纹岱，2002）。

② 内部一致性系数指标判断原则：分层面最低的 α 系数要在 0.50 以上，最好能高于 0.60；而整份量表最低的 α 系数要在 0.70 以上，最好能高于 0.80（吴明隆，2010）。

（2）效度分析

效度是指测量的有效性和正确性（吴明隆，2010）。由第 3 章的项目治理质性研究可知，本书的问卷是经过探索性研究和优化研究确定的，问卷既概括了项目治理因素研究文献的已有成果，又结合了重大工程项目的特征，因此认为量表具有较高的内容效度。接着采用探索性因子分析对项目治理量表的建构效度开展检验，其 KMO 值和 Bartlett 球体显著性结果如表 5-6 所示。从表中的值可以看出，KMO ＞ 0.8（值 =0.921），Bartlett 的球形检验统计值显著（值显著水平＜ 0.05），表明适合进行探索性因子分析。可以表明，设计的项目治理量表具有良好的建构效度。

表 5–6　项目治理量表的 KMO 和 Bartlett 的检验结果

取样足够度的 Kaiser-Meyer-Olkin 度量		0.921
Bartlett 球形度检验	近似卡方	5338.502
	df	561
	Sig.	0.000

5.3.2　探索性因子分析

考虑到项目治理某些因素间可能存在较强的相关关系，因此，采用探索性因子分析法（exploratory factor analysis，EFA）将前文识别出的 34 个重大工程项目治理关键因素进行归类。对项目治理量表进行因子分析时，采用主成分方法来提取公因子，利用最大变异法进行因子旋转。具体根据特征值大于 1 的标准抽取因子，当特征值小于 1 时停止抽取因子。项目治理的因子分析结果如表 5-7 和表 5-8 所示。从表中可以看出，项目治理的 34 个题项共抽取 7 个因子，因子的特征根累计解释总体方差为 68.281%，大于 60%。所有题项的因子荷载量均大于 0.400，说明抽取出的 7 个共同因子可以有效反映项目治理的 34 个变量。但观察发现，提取的因子与第 4 章的项目治理层面及题项归属偏差较大，命名困难，故考虑删除一些题项。

基于依次删除题项 IS4、CD1、GS2、RD2 后，项目治理剩下的 30 个因素继续进行因子分析，结果如表 5-9 和表 5-10 所示。可以看出，提取出 6 个因子，解释总方差为 68.430%，大于 60%。最终，所有题项因子荷载量均大于 0.400，表示抽取出的 6 个共同因子可以有效反映项目治理的 30 个指标变量。

表 5-7　解释的总方差

成分	初始特征值			旋转平方和载入		
	合计	方差的	累积	合计	方差的	累积
1	13.582	39.946%	39.946%	4.918	14.466%	14.466%
2	2.849	8.378%	48.325%	4.507	13.257%	27.723%
3	1.734	5.101%	53.425%	3.706	10.899%	38.622%
4	1.514	4.452%	57.877%	3.415	10.044%	48.666%
5	1.31	3.854%	61.732%	2.658	7.816%	56.482%
6	1.145	3.369%	65.101%	2.286	6.723%	63.205%
7	1.081	3.181%	68.281%	1.726	5.076%	68.281%
8	0.923	2.715%	70.997%			
9	0.836	2.459%	73.455%			
10	0.804	2.366%	75.821%			

注：省略成分大于 10 的部分。

表 5-8　旋转成分矩阵（a）

题项	1	2	3	4	5	6	7
IS2	0.810	0.131	0.227	0.099	0.176	0.054	0.073
IS3	0.788	0.276	0.142	0.122	0.141	-0.040	0.118
SP4	0.733	0.201	0.152	0.236	0.093	0.275	-0.002
IS1	0.644	0.151	0.325	0.098	0.227	0.085	0.039
SP3	0.639	0.201	0.189	0.180	0.267	0.148	0.073
SP1	0.594	0.063	0.238	0.225	0.211	0.296	0.154
SP5	0.592	0.299	0.193	0.208	0.082	0.435	-0.022
GD1	0.175	0.772	0.092	0.089	0.115	0.004	0.347
GD2	0.156	0.770	0.033	0.167	0.118	0.116	0.183
GD3	0.246	0.747	0.086	0.211	0.047	-0.048	0.333
GS1	0.182	0.723	0.177	0.279	0.101	0.011	0.147
GS3	0.183	0.662	0.151	0.297	0.116	0.278	-0.084
GS4	0.187	0.643	0.034	0.332	0.117	0.281	-0.199
CD4	0.396	0.400	0.299	0.172	-0.054	0.348	0.130
RS2	0.171	0.131	0.828	0.039	0.163	0.122	0.016
RS1	0.192	0.125	0.768	0.095	0.107	0.230	-0.062
RS3	0.225	-0.010	0.668	0.211	0.191	0.070	0.127
RS4	0.391	0.129	0.595	0.183	0.372	-0.084	-0.055
RS5	0.310	0.103	0.567	0.241	0.439	-0.055	-0.004
CD3	0.352	0.277	0.413	0.228	-0.044	0.283	0.379
GC1	0.147	0.194	0.141	0.809	0.066	0.092	0.089
GC3	0.167	0.308	0.136	0.797	0.03	0.049	0.069
GC2	0.185	0.266	0.195	0.766	0.133	0.150	0.032

续表

题项	1	2	3	4	5	6	7
GC4	0.269	0.263	0.117	0.720	0.110	0.251	0.068
RD4	0.223	0.195	0.202	0.061	0.774	0.188	0.011
RD5	0.209	0.189	0.213	0.031	0.760	0.226	0.051
RD1	0.197	-0.034	0.166	0.117	0.582	0.08	0.357
RD3	0.331	0.271	0.363	0.178	0.450	-0.128	0.297
SP2	0.409	0.184	0.029	0.168	0.184	0.617	-0.009
RD2	0.057	-0.053	0.193	0.123	0.293	0.570	0.275
GS2	0.186	0.418	0.351	0.237	0.196	0.491	-0.052
CD2	0.324	0.187	0.370	0.219	-0.052	0.403	0.295
CD1	0.051	0.248	0.022	0.002	0.167	0.017	0.714
IS4	0.071	0.264	-0.105	0.144	0.069	0.358	0.498

注：采用具有 Kaiser 标准化的正交旋转法；a. 因子旋转在 14 次迭代后收敛。

表 5-9　删除后的解释总方差

成分	初始特征值			提取平方和载入			旋转平方和载入		
	合计	方差的	累积	合计	方差的	累积	合计	方差的	累积
1	12.520	41.732%	41.732%	12.520	41.732%	41.732%	4.542	15.139%	15.139%
2	2.762	9.206%	50.938%	2.762	9.206%	50.938%	4.321	14.404%	29.542%
3	1.559	5.195%	56.133%	1.559	5.195%	56.133%	3.511	11.703%	41.246%
4	1.439	4.797%	60.930%	1.439	4.797%	60.930%	3.451	11.505%	52.750%
5	1.173	3.911%	64.841%	1.173	3.911%	64.841%	2.736	9.119%	61.870%
6	1.077	3.589%	68.430%	1.077	3.589%	68.430%	1.968	6.560%	68.430%
7	0.914	3.046%	71.475%						
8	0.837	2.791%	74.267%						

注：省略成分大于 8 的部分。

表 5-10　旋转成分矩阵（a）

	成分					
	1	2	3	4	5	6
IS2	0.798	0.169	0.079	0.289	0.145	0.057
IS3	0.760	0.321	0.102	0.220	0.111	0.011
SP4	0.735	0.174	0.263	0.153	0.105	0.259
IS1	0.623	0.158	0.098	0.366	0.205	0.120
SP5	0.622	0.238	0.272	0.152	0.107	0.368
SP3	0.621	0.191	0.198	0.206	0.282	0.173
SP1	0.565	0.094	0.209	0.208	0.288	0.332
SP2	0.491	0.085	0.280	-0.033	0.225	0.418
GD1	0.137	0.853	0.086	0.081	0.150	0.128

续表

	成分					
	1	2	3	4	5	6
GD3	0.176	0.828	0.189	0.085	0.099	0.137
GD2	0.160	0.779	0.211	0.017	0.128	0.132
GS1	0.175	0.732	0.305	0.186	0.078	0.058
GS3	0.231	0.556	0.403	0.111	0.085	0.206
GS4	0.244	0.506	0.451	-0.005	0.074	0.172
GC3	0.142	0.290	0.793	0.162	0.026	0.079
GC1	0.115	0.190	0.791	0.155	0.085	0.120
GC2	0.178	0.229	0.778	0.212	0.130	0.123
GC4	0.271	0.225	0.748	0.122	0.125	0.209
RS2	0.146	0.110	0.056	0.815	0.123	0.240
RS1	0.175	0.064	0.132	0.726	0.089	0.332
RS3	0.184	0.031	0.180	0.684	0.177	0.173
RS4	0.393	0.120	0.186	0.676	0.260	-0.099
RS5	0.299	0.111	0.230	0.644	0.359	-0.073
RD4	0.232	0.142	0.124	0.215	0.788	0.082
RD5	0.242	0.133	0.104	0.218	0.766	0.086
RD1	0.105	0.095	0.037	0.154	0.718	0.178
RD3	0.262	0.392	0.113	0.435	0.450	-0.029
CD2	0.215	0.184	0.204	0.234	0.171	0.690
CD3	0.240	0.326	0.188	0.300	0.147	0.590
CD4	0.338	0.363	0.203	0.194	0.063	0.543

注：采用具有 Kaiser 标准化的正交旋转法；**a.** 因子旋转在 7 次迭代后收敛。

因子 1 包括题项 IS2、IS3、SP4、IS1、SP5、SP3、SP1、SP2，即信息共享的 3 个题项和共同解决问题的 5 个题项，这几个题项都反映了关系治理，因此将它们组合成的因子命名为关系维护。

因子 2 包括题项 GD1、GD3、GD2、GS1、GS3、GS4，即政府决策的 3 个题项和政府监督的 3 个题项，这几个都反映了行政治理，因此将它们组合成的因子命名为政府监管。

因子 3 包括 GC3、GC1、GC2、GC4，与行政治理原层面的政府协调完全一致，因此保留命名为政府协调。

因子 4 包括 RS2、RS1、RS3、RS4、RS5，与合同治理的风险分担层面完全一致，因此保留为风险分担。

因子 5 包括 RD4、RD5、RD1、RD3，与合同治理的收益分配层面一致，只是删除了题项 RD2，因此保留名称为收益分配。

因子 6 包括 CD2、CD3、CD4，与关系治理的文化建设原层面一致，只是删除了题项 CD1，因此保留名称为文化建设。

因此，最终重大工程项目治理机制构成如表 5-11 所示。

表 5-11　重大工程项目治理机制框架

项目治理维度	治理分量表	项目治理题项
行政治理	政府监管	GD1，GD3，GD2，GS1，GS3，GS4
	政府协调	GC3，GC1，GC2，GC4
合同治理	风险分担	RS2，RS1，RS3，RS4，RS5
	收益分配	RD4，RD5，RD1，RD3
关系治理	关系维护	IS2，IS3，SP4，IS1，SP5，SP3，SP1，SP2
	文化建设	CD2，CD3，CD4

5.4　项目治理各维度信度检验

探索性因子分析后，项目治理各维度的子量表的构成要素发生了改变，因此需要再次进行信度分析，以确定其内部结构一致性程度仍然符合要求（吴明隆，2010）。

合同治理的风险分担和收益分配子量表的信度分析结果如表 5-12 所示。可以发现，两个子量表的系数值分别为 0.873 和 0.809，均大于 0.60，说明合同治理子量表的内部一致性信度尚佳。所有 CITC 值均大于 0.300，表示每个题项与其余题项加总的一致性高；“项已删除的系数”列的数值均小于其系数，表示合同治理量表的内部一致性信度佳。

表 5-12　合同治理量表信度分析

合同治理维度	测量题项	校正的项总计相关性（CICT）	项已删除的 Cronbach’s Alpha 值	Cronbach’s Alpha
风险分担	RS1	0.669	0.854	0.873
	RS2	0.744	0.836	
	RS3	0.644	0.860	
	RS4	0.739	0.837	
	RS5	0.712	0.844	
收益分配	RD1	0.542	0.803	0.809
	RD3	0.569	0.786	
	RD4	0.724	0.714	
	RD5	0.682	0.733	

关系治理的关系维护和文化建设子量表的信度分析结果如表 5-13 所示。可

以发现，两个子量表的系数值分别为 0.910 和 0.800，均大于 0.60，说明关系治理子量表内部一致性信度尚佳。所有 CITC 值均大于 0.300，表示每个题项与其余题项加总的一致性高；“项已删除的系数”列的数值均小于其系数，表示关系治理各量表的内部一致性信度佳。

行政治理的政府监管和政府协调子量表的信度分析结果如表 5-14 所示。可以发现，行政治理两个子量表的系数值分别为 0.899 和 0.896，均大于 0.60，说明内部一致性信度尚佳。所有 CITC 值均大于 0.300，表示每个题项与其余题项加总的一致性高；“项已删除的系数”列的数值均小于其系数，表示行政治理量表的内部一致性信度佳。

表 5-13　关系治理量表信度分析

关系治理维度	测量变量	校正的项总计相关性	项已删除的 Cronbach’s Alpha 值	Cronbach’s Alpha
关系维护	IS1	0.678	0.902	0.910
	IS2	0.781	0.893	
	IS3	0.739	0.896	
	SP1	0.696	0.900	
	SP2	0.573	0.909	
	SP3	0.699	0.901	
	SP4	0.787	0.892	
	SP5	0.735	0.897	
文化建设	CD2	0.640	0.737	0.800
	CD3	0.709	0.657	
	CD4	0.596	0.784	

表 5-14　行政治理量表信度分析

行政治理维度	测量变量	校正的项总计相关性	项已删除的 Cronbach’s Alpha 值	Cronbach’s Alpha
政府监管	GD1	0.765	0.876	0.899
	GD2	0.754	0.877	
	GD3	0.786	0.872	
	GS1	0.743	0.879	
	GS3	0.683	0.888	
	GS4	0.628	0.896	
政府协调	GC1	0.742	0.876	0.896
	GC2	0.783	0.861	
	GC3	0.790	0.858	
	GC4	0.765	0.868	

5.5　本章小结

基于第四章构建的重大工程项目治理机制的定性框架（CG，RG，AG），通过因子分析定量识别出我国重大工程项目治理机制包括关系维护、政府监管、政府协调、风险分担、收益分配和文化建设，并通过信度检验，证明这 6 个项目治理因子的内部结构一致性程度良好，表明治理因子各测度项的可靠性是可接受的。其中，风险分担机制（包含 5 个指标 RS1、RS2、RS3、RS4、RS5）和收益分配机制（包含 5 个指标 RD1、RD3、RD4、RD5）属于合同治理；关系维护机制（包括 8 个指标 IS1、IS2、IS3、 SP4、SP1、SP2、SP3、SP5）和文化建设机制（包括 3 个指标 CD2、CD3、CD4）属于关系治理；政府监管机制（包括 6 个指标 GD1、GD2、GD3、GS1、GS3、GS4）和政府协调机制（包括 4 个指标 GC1、GC2、GC3、GC4）属于行政治理。本章识别出的重大工程项目治理机制因子通过了信度和效度检验，可以为后续进一步研究项目治理机制对项目成功的影响机理提供了基础。

第 6 章　重大工程项目治理机制的差异特征分析

由于问卷调查受访者的人口特征和其所选择的项目特征存在差异，对项目治理机制的感知存在着影响。针对特征变量不同组别之间的均值差异进行显著性检验，可以探索受访者特征和项目特征对各治理机制的不同感知，其差异分析结果可以为重大工程项目针对性治理措施的制订提供实证依据。基于上一章将重大工程项目治理分为合同治理、关系治理和行政治理三个维度，进一步分析不同受访者特征和项目特征在重大工程项目治理各维度的差异性特征，从而有利于更精细地认识重大工程项目治理机制。

6.1　问题的描述

本书主要研究内容是项目治理机制及其对项目成功的影响机理，但是调查问卷受访者特征和项目特征的组别差异有可能对模型所涉及的变量产生影响。本书研究中受访者的人口特征变量包括性别、年龄、教育背景、参与年限、项目职位等，项目特征变量具体包括项目类型、参与阶段、项目投资、项目工期及单位角色等（吴明隆，2010）。

差异性均值分析是在数据统计中，对来自两个或多个总体的样本进行均值比较，并研究各总体之间的差异。在项目治理机制的同一维度内，如合同治理、关系治理和行政治理，对不同组别间的均值差异进行显著性检验，从而判断受访者特征和项目特征是否对项目治理机制存在差异性影响。因此，本书通过对受访者特征和项目特征变量的不同组别分别在项目治理各维度进行均值差异分析，进一步明晰项目治理机制的差异特征，从而精细化理解重大工程项目治理机制的特征。

因此，本章拟解决以下两个问题：

（1）不同受访者特征对项目治理各维度的感知是否有显著差异。

（2）不同项目特征对项目治理各维度的感知是否有显著差异。

本章研究方法：针对项目治理不同维度，首先利用各维度的均值绘制雷达图，从而分析不同受访者特征与项目特征在项目治理各维度的差异；然后进一步采用独立样本 T 检验分析法（Independent Sample T Test）或单因素方差分析法（One-Way ANOVA）分析其差异是否达到显著。需要注意的是，由于受访者的性别特征仅分为男女两类，故采用独立样本 T 检验分析方法进行检验；最后根据项目治理的均值折线图分析不同特征在项目治理机制的差异。

6.2　受访者特征在项目治理中的差异比较分析

6.2.1　不同性别在项目治理的差异特征分析

受访者的性别特征可以分为男、女两组，分析不同性别在项目治理各维度的差异，其差异雷达图如图 6-1 所示。可以看出，男性采访者感知的项目治理程度比女性采访者低。

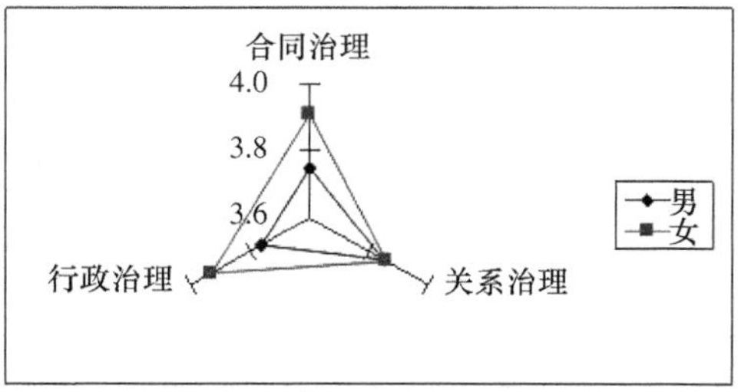

图 6-1　不同性别在项目治理各维度差异雷达图

独立样本 T 检验分析法被进一步用来判断性别在项目治理机制各维度—合同治理、关系治理和行政治理的感知是否存在显著性差异，结果如表 6.1 所示。可以看出，受访者的性别在合同治理、关系治理和行政治理的感知均没有显著差异。

表 6–1　不同性别受访者在项目治理各维度的差异比较

检验变量	性别	*N*	均值	标准差	均值的标准误	*T* 值	显著性
合同治理	男	199	3.7504	0.81386	0.05769	-1.493	0.140
	女	36	3.9105	0.54227	0.09038		
关系治理	男	199	3.8497	0.76914	0.05452	-0.110	0.913
	女	36	3.8611	0.53252	0.08875		
行政治理	男	199	3.7618	0.80217	0.05686	-1.195	0.233
	女	36	3.9306	0.63732	0.10622		

不同性别在项目治理均值折线图如图 6-2 所示。可以看出，总体上，男性采访者（3.7906）感知的项目治理程度比女性采访者（3.8991）低，但性别对于项目治理程度不存在显著影响。

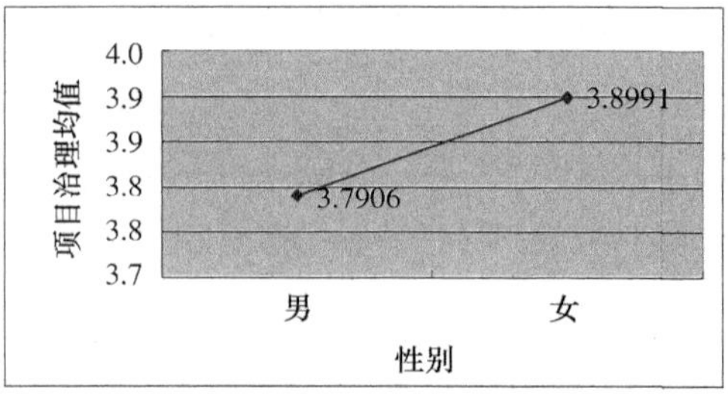

图 6-2　不同性别在项目治理的均值折线图

6.2.2　不同年龄在项目治理的差异特征分析

受访者的年龄特征可以分为以下四类：≤ 30 岁（A）、31~40 岁（B）、41~50 岁（C）和＞ 50 岁（D），分析不同年龄在项目治理各维度的差异，其差异雷达图如图 6-3 所示。可以看出，在合同治理方面，不同年龄四个组别群体中以“≤ 30 岁”组均值最高，最低是“＞ 50 岁”；在关系治理方面，不同年龄四个组别群体中以“≤ 30 岁”组均值最高，最低是“＞ 50 岁”；在行政治理方面，不同年龄四个组别群体中以“≤ 30 岁”组均值最高，最低是“41~50 岁”。

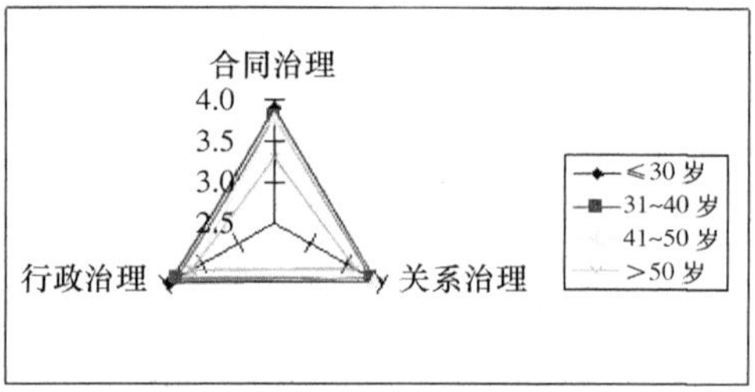

图 6-3　不同年龄在项目治理各维度差异雷达图

单因素方差分析法被用来进一步检验不同受访者年龄在项目治理机制各维度——合同治理、关系治理和行政治理是否存在显著性差异，结果如表 6-2 所示。研究表明，对于关系治理和行政治理的感知，不同受访者年龄没有显著差异，但对于合同治理的感知存在显著的不同。针对于此，进一步采用 Scheffe 法（事后比较方法中最严格的方法）将不同年龄组对项目治理各维度的影响进行两两分析（吴明隆，2010）。结果表明，对于合同治理维度：“≤ 30 岁”组群体的感知显著高于“＞ 50 岁”组群体。但由于 Scheffe 法分析较为保守，有时会出现整体检验的 F 值达到显著，但事后比较均不显著的情况，因此，进一步改用实在显著差异法（honestly significant difference，HSD 法）分析，从而和整体检验 F 值的显著性相呼应（吴明隆，2010）。从 HSD 法计算结果可以看出，对于合同治理机制：“≤ 30 岁”组的感知显著高于“> 50 岁”组；“31~40 岁”组的感知显著高于“> 50 岁”组。

不同年龄在重大工程项目治理均值折线图如图 6-4 所示。可以看出，不同年龄五个组别群体在项目治理的感知以“≤ 30 岁”组均值（M=3.9190）最高，最低是“> 50 岁”（M=3.5365）。总体上，随着年龄的增长，项目治理感知程度下降。

表 6-2　不同年龄在项目治理各维度差异比较

检验变量	变异来源	平方和	df	均方	F 检验	显著性	事后比较 Scheffe 法	事后比较 HSD 法
合同治理	组间	5.550	3	1.850	3.127*	0.027	A > D	A > D B > D
	组内	136.670	231	0.592				
	总数	142.220	234					
关系治理	组间	1.335	3	0.445	0.818	0.485	n.s.	n.s.
	组内	125.727	231	0.544				
	总数	127.062	234					
行政治理	组间	3.556	3	1.185	1.971	0.119	n.s.	n.s.
	组内	138.938	231	0.601				
	总数	142.494	234					

注：* 表示 $p < 0.05$，n.s. 表示 $p > 0.05$。

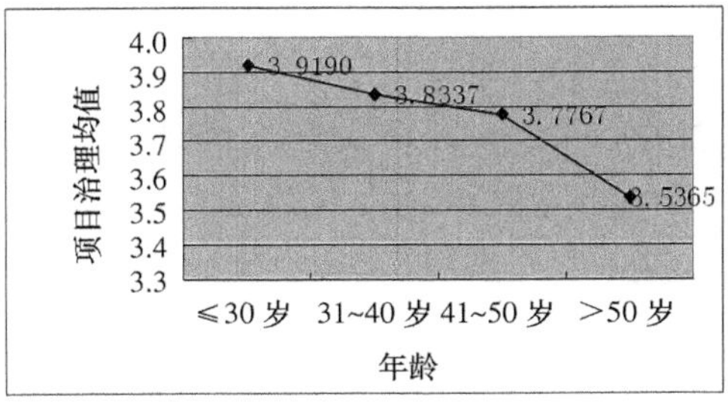

图 6-4　不同年龄在项目治理的均值折线图

6.2.3　不同教育背景在项目治理的差异特征分析

受访者的教育背景分为以下四类：专科及以下（A）、本科（B）、硕士（C）、博士（D），分析不同教育背景在项目治理各维度的差异，其差异雷达图如图 6-5 所示。可以看出，在合同治理方面，不同教育背景四个组别群体中以“专科及以下”组均值最高，最低是“博士”；在关系治理方面，不同教育背景四个组别群体中以“专科及以下”组均值最高，最低是“博士”；在行政治理方面，不同教育背景四个组别群体中以“硕士”组均值最高，最低是“博士”。

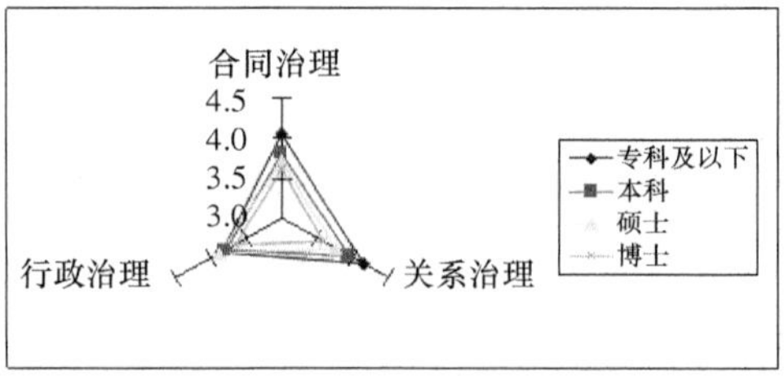

图 6-5　不同教育背景在项目治理各维度差异雷达图

表 6–3　不同教育背景在项目治理各维度差异比较

检验变量	变异来源	平方和	d*f*	均方	*F* 检验	显著性	事后比较 Scheffe 法	事后比较 HSD 法
合同治理	组间	4.160	3	1.387	2.320	0.076	n.s.	n.s.
	组内	138.061	231	0.598				
	总数	142.220	234					
关系治理	组间	8.205	3	2.735	5.316***	0.001	A ＞ D B ＞ D	A ＞ D B ＞ D
	组内	118.857	231	0.515				
	总数	127.062	234					
行政治理	组间	1.659	3	0.553	0.907	0.438	n.s.	n.s.
	组内	140.836	231	0.610				
	总数	142.494	234					

注：*** 表示 $p < 0.001$，n.s. 表示 $p > 0.05$。

单因素方差分析法被用来进一步检验不同受访者教育背景在项目治理机制各维度——合同治理、关系治理和行政治理的感知是否存在显著性差异，分析结果如表 6-3 所示。研究表明，受访者的不同教育背景在合同治理和行政治理的感知没有显著差异，但在关系治理的感知有显著的不同。因此，本书继续采用 Scheffe 法和 HSD 法进一步对教育背景在项目治理各维度的影响进行两两对比（吴明隆，2010）。从表中可以看出，Scheffe 法和 HSD 法的分析结果一致。对于关系治理机制："专科及以下"组群体的感知显著高于"博士"组群体；"本科"组群体的感知显著高于"博士"组群体。

不同教育背景在项目治理均值折线图如图 6-6 所示。可以看出，不同教育背景四个组别群体中项目治理感知程度以"专科及以下"组均值（M=4.0256）最高，最低是"博士"（M=3.6200）。总体上，项目治理整体趋势是随着教育背景的升高，感知的项目治理程度下降。

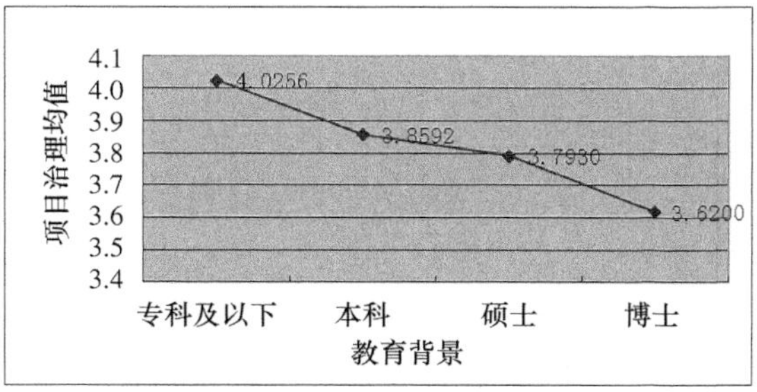

图 6-6　不同教育背景在项目治理的均值折线图

6.2.4　不同参与年限在项目治理的差异特征分析

本书将问卷受访者参与重大工程的工作年限按 3 年以下（A）、3~5 年（B）、6~10 年（C）、10 年以上（D）分为四大类，分析不同参与年限在项目治理各维度的差异，其差异雷达图如图 6-7 所示。可以看出，在合同治理方面，不同工作年限四个组别群体中以“3~5 年”组均值最高，最低是“10 年以上”；在关系治理方面，不同工作年限四个组别群体中以“3~5 年”组均值最高，最低是“3 年以下”；在行政治理方面，不同工作年限四个组别群体中以“3~5 年”组均值最高，最低是“10 年以上”。

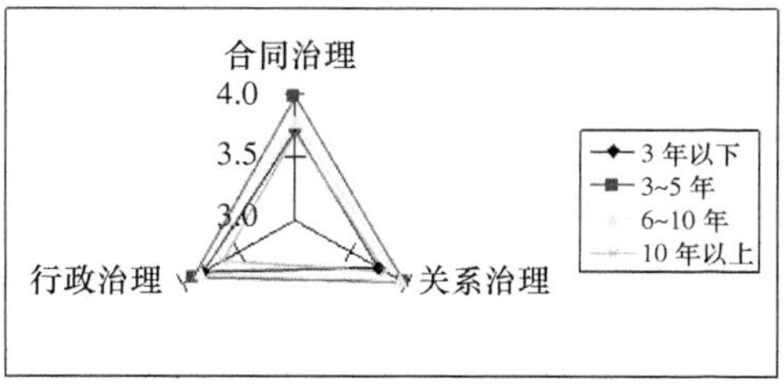

图 6-7　不同参与年限在项目治理各维度差异雷达图

单因素方差分析法被用来进一步检验不同受访者参与重大工程的年限在项目治理机制各维度——合同治理、关系治理和行政治理的感知是否存在显著性差异，分析结果如表 6-4 所示。可以看出，受访者的参与重大工程的不同年限在项目治理各维度的感知均不存在显著差异。

表 6–4　不同参与年限在项目治理各维度差异比较

检验变量	变异来源	平方和	d*f*	均方	*F* 检验	显著性
合同治理	组间	3.020	3	1.007	1.671	0.174
	组内	139.200	231	0.603		
	总数	142.220	234			

续表

检验变量	变异来源	平方和	df	均方	F 检验	显著性
关系治理	组间	2.018	3	0.673	1.242	0.295
	组内	125.045	231	0.541		
	总数	127.062	234			
行政治理	组间	2.422	3	0.807	1.331	0.265
	组内	140.073	231	0.606		
	总数	142.494	234			

不同参与重大工程工作年限在项目治理均值折线图如图 6-8 所示。可以看出，不同工作年限四个组别群体中以“3~5 年”组均值（M=3.9556）最高，最低是“10 年以上”（M=3.7178）。可以看出，总体上随着参与重大工程年限的增长，项目治理感知程度出现下降。

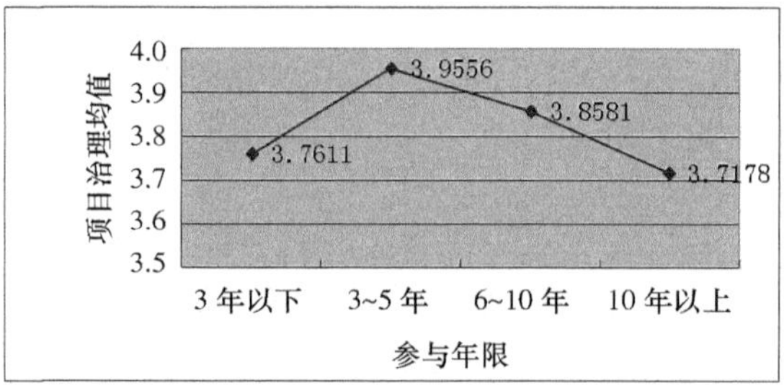

图 6-8　不同参与年限在项目治理的均值折线图

6.2.5　不同项目职位在项目治理的差异特征分析

受访者的项目职位按高层管理者（A）、中层管理者（B）、中层以下（C）分为三大类，分析不同项目职位在项目治理各维度的差异，其差异雷达图如图 6-9 所示。从图 6-9 中可以看出，在合同治理方面，不同项目职位三个组别群体中以“中层以下”组均值最高，最低是“高层管理者”；在关系治理方面，不同项目职位三个组别群体中以“中层管理者”组均值最高，最低是“高层管理者”；在行政治理方面，不同项目职位三个组别群体中以“中层以下”组均值最高，最低是“高

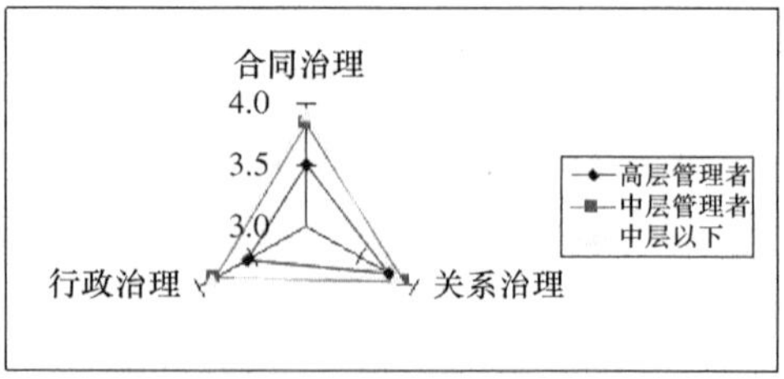

图 6-9　不同项目职位在项目治理各维度差异雷达图

层管理者”。

单因素方差分析法被用来进一步检验受访者不同项目职位在项目治理机制各维度——合同治理、关系治理和行政治理的感知是否存在显著性差异，分析结果如表 6-5 所示。总体上，受访者不同项目职位在关系治理的感知没有显著的不同，但在合同治理和行政治理的感知有显著差异。进一步采用 Scheffe 法对不同职位在项目治理各维度的影响进行两两对比（吴明隆，2010）。结果表明，对于合同治理机制："中层管理者”组群体的感知显著高于“高层管理者”组群体；“中层以下”组群体的感知显著高于“高层管理者”组群体。对于行政治理机制：未出现显著差异的组别。但由于 Scheffe 法过于严格，导致行政治理机制的整体检验 F 值达到显著，但事后比较均不显著，因此改用 HSD 法进行分析。根据 HSD 法的结果可知，合同治理结果与 Scheffe 法完全一致；对于行政治理："中层管理者”组群体的感知显著高于“高层管理者”组群体；“中层以下”组群体的感知显著高于“高层管理者”组群体。

表 6–5　不同项目职位在项目治理各维度差异比较

检验变量	变异来源	平方和	df	均方	F 检验	显著性	事后比较 Scheffe 法	事后比较 HSD 法
合同治理	组间	5.818	2	2.909	4.948**	0.008	B ＞ A C ＞ A	B ＞ A C ＞ A
	组内	136.402	232	0.588				
	总数	142.220	234					
关系治理	组间	0.799	2	0.399	0.734	0.481	n.s.	n.s.
	组内	126.263	232	0.544				
	总数	127.062	234					
行政治理	组间	4.316	2	2.158	3.623*	0.028	n.s.	B ＞ A C ＞ A
	组内	138.178	232	0.596				
	总数	142.494	234					

注：** 表示 $p < 0.01$，* 表示 $p < 0.05$，n.s. 表示 $p > 0.05$。

受访者不同项目职位在项目治理的均值折线图如图 6-10 所示。可以看出，在整个项目治理方面，不同项目职位三个组别群体中以“中层以下”组均值（M=3.8718）最高，最低是“高层管理者”（M=3.6167）。可以看出，总体上随着项目职位的升高，项目治理感知程度出现下降。这说明项目职位对于项目治理存在一定的影响。

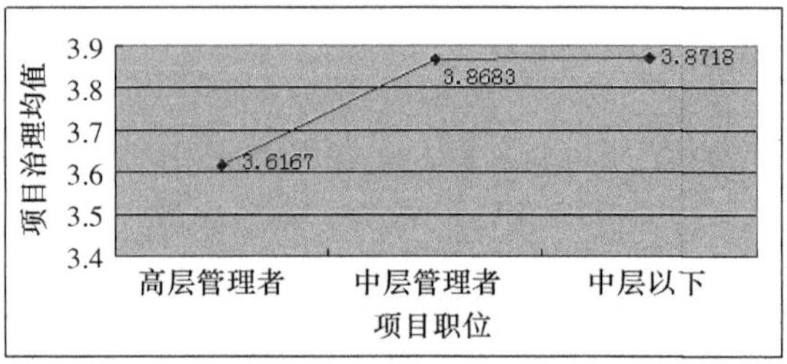

图 6-10　不同项目职位在项目治理的均值折线图

6.3　项目特征在项目治理中的差异比较分析

6.3.1　不同项目类型在项目治理的差异特征分析

项目类型可以分为三大类：政府投资项目（A）、公私合作项目（B）、私有项目(C),分析不同项目类型在项目治理各维度的差异,其差异雷达图如图6-11所示。从图6-11中可以看出,在合同治理方面,不同项目类型三个组别群体中以“私有项目”组均值最高，最低是“政府投资项目”；在关系治理方面，不同项目类型三个组别群体中以“政府投资项目”组均值最高，最低是“公私合作项目”；在行政治理方面，不同项目类型三个组别群体中以“政府投资项目”组均值最高，最低是“私有项目”。

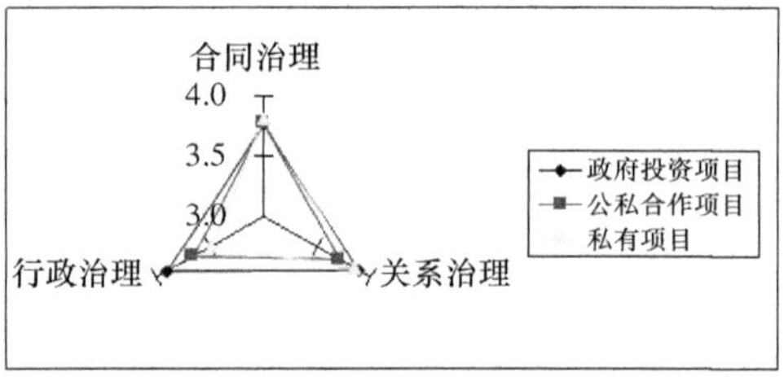

图 6-11　不同项目类型在项目治理各维度差异雷达图

单因素方差分析法被进一步用来检验不同项目类型在项目治理各维度——合同治理、关系治理和行政治理是否存在显著性差异，分析结果如表 6-6 所示。研究结果表明，不同项目类型在合同治理和关系治理的感知均没有显著差异，但在行政治理的感知存在显著差异。因此，进一步采用 Scheffe 法与 HSD 法对项目类型在项目治理各维度的影响进行两两比对。研究表明，对于行政治理机制，“政府投资项目”组群体的感知显著高于“私有项目”组群体。

表 6–6 不同项目类型在项目治理各维度差异比较

检验变量	变异来源	平方和	df	均方	F 检验	显著性	事后比较 Scheffe 法	事后比较 HSD 法
合同治理	组间	0.068	2	0.034	0.056	0.946	n.s.	n.s.
	组内	142.152	232	0.613				
	总数	142.220	234					
关系治理	组间	0.897	2	0.448	0.824	0.440	n.s.	n.s.
	组内	126.166	232	0.544				
	总数	127.062	234					
行政治理	组间	6.525	2	3.262	5.567**	0.004	A > C	A > C
	组内	135.969	232	0.586				
	总数	142.494	234					

注：** 表示 $p < 0.01$，n.s. 表示 $p > 0.05$。

不同项目类型在项目治理均值折线图如图 6-12 所示。可以看出，在整体项目治理方面，不同项目类型三个组别群体中以“政府投资项目”组均值（M=3.8556）最高，最低是“公私合作项目”（M=3.7124）。

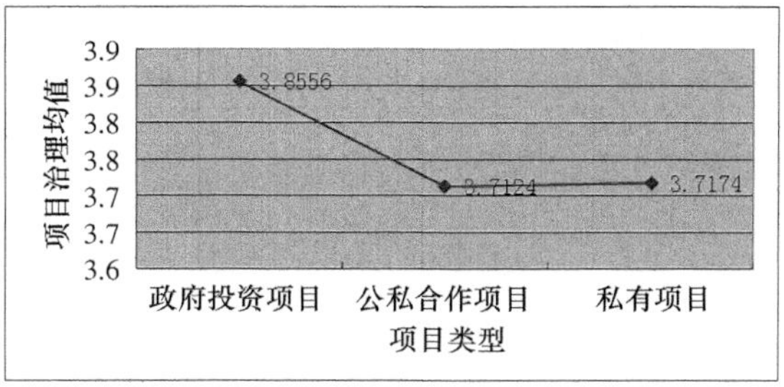

图 6-12 不同项目类型在项目治理的均值折线图

6.3.2 不同参与阶段在项目治理的差异特征分析

项目管理的全寿命期划分为前期策划、设计、施工和运营四个阶段，该题项为复选题，故除了单独参与四个阶段外，还可以同时参与两个阶段、同时参与三个阶段或同时参与四个阶段。针对七类划分，分析不同参与阶段在项目治理各维度的差异，其差异雷达图如图 6-13 所示。可以看出，在合同治理方面，不同参与阶段七个组别群体中以“运营阶段”组均值最高，最低是“前期策划阶段”；在关系治理方面，不同参与阶段七个组别群体中以“设计阶段”组均值最高，最低是“前期策划阶段”；在行政治理方面，不同参与阶段七个组别群体中以“运营阶段”组均值最高，最低是“前期策划阶段”。

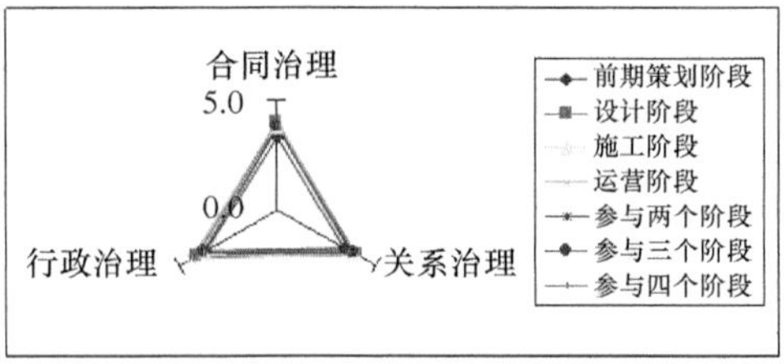

图 6-13　不同参与阶段在项目治理各维度差异雷达图

单因素方差分析法被进一步用来检验不同参与阶段在项目治理各维度——合同治理、关系治理和行政治理是否存在显著性差异，分析结果如表 6-7 所示。研究结果表明，不同参与阶段在项目治理各维度的感知不存在显著差异。

表 6–7　不同参与阶段在项目治理各维度差异比较

检验变量	变异来源	平方和	d*f*	均方	*F* 检验	显著性
合同治理	组间	4.388	6	0.731	1.210	0.302
	组内	137.832	228	0.605		
	总数	142.220	234			
关系治理	组间	4.143	6	0.691	1.281	0.267
	组内	122.919	228	0.539		
	总数	127.062	234			
行政治理	组间	3.746	6	0.624	1.026	0.409
	组内	138.748	228	0.609		
	总数	142.494	234			

不同参与阶段在重大工程项目治理的均值折线图如图 6-14 所示。可以看出，在整体项目治理方面，不同参与阶段七个组别群体中以“运营阶段”组均值（*M*=4.1167）最高，最低是“前期策划阶段”（*M*=3.4843）。

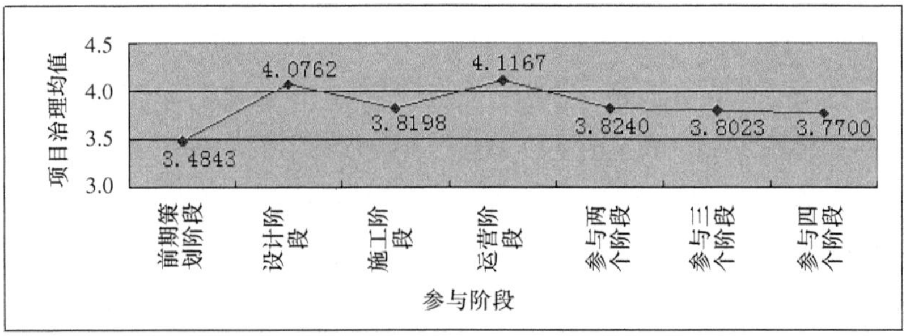

图 6-14　不同参与阶段在项目治理的均值折线图

6.3.3　不同项目投资在项目治理的差异特征分析

本书将项目投资按＜ 10 亿元（A）、10 亿 ~20 亿元（B）、20 亿 ~30 亿元

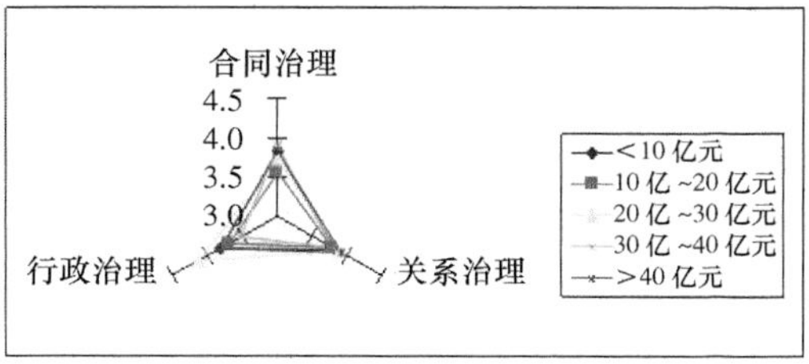

图 6-15 不同项目投资在项目治理各维度差异雷达图

（C）、30 亿 ~40 亿元（D）、＞ 40 亿元（E）分为五大类，分析不同项目投资在项目治理各维度的差异，其差异雷达图如图 6-15 所示。可以看出，在合同治理方面，不同项目投资五个组别群体中以“30 亿 ~ 40 亿元”组均值最高，最低是“10 亿 ~ 20 亿元”；在关系治理方面，不同项目投资五个组别群体中以“＞ 40 亿元”组均值最高，最低是“10 亿 ~ 20 亿元”；在行政治理方面，不同项目投资五个组别群体中以“20 亿 ~ 30 亿元”组均值最高，最低是“30 亿 ~ 40 亿元”。

单因素方差分析法被进一步用来检验不同项目投资在项目治理各维度——合同治理、关系治理和行政治理的影响是否存在显著性差异，分析结果如表 6-8 所示。研究结果表明，不同项目投资在项目治理各维度的感知不存在显著差异。

表 6–8 不同项目投资在项目治理各维度差异比较

检验变量	变异来源	平方和	d*f*	均方	*F* 检验	显著性
合同治理	组间	3.152	4	0.788	1.303	0.270
	组内	139.068	230	0.605		
	总数	142.220	234			
关系治理	组间	0.558	4	0.140	0.254	0.907
	组内	126.504	230	0.550		
	总数	127.062	234			
行政治理	组间	3.388	4	0.847	1.400	0.235
	组内	139.106	230	0.605		
	总数	142.494	234			

不同项目投资在项目治理的均值折线图如图 6-16 所示。可以看出，在整体项目治理方面，项目治理程度未随着项目投资的增长而出现规律变化。这说明项目投资对于项目治理不存在影响。

6.3.4 不同项目工期在项目治理的差异特征分析

本书将项目工期按≤ 1 年（A）、2~3 年（B）、4~5 年（C）、＞ 5 年（D）分为四大类，分析不同项目工期在项目治理各维度的差异，其差异雷达图如图 6-17

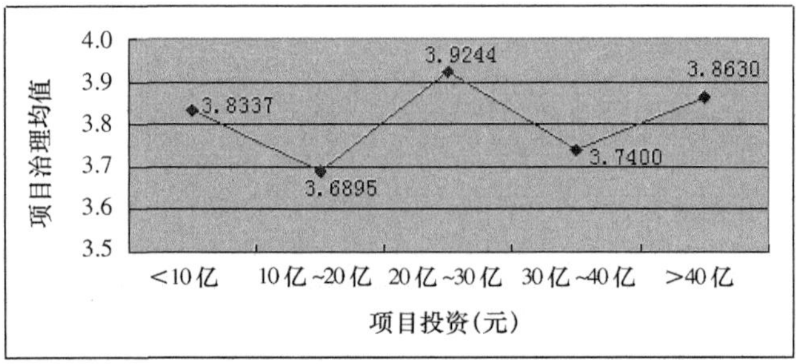

图 6-16　不同项目投资在项目治理的均值折线图

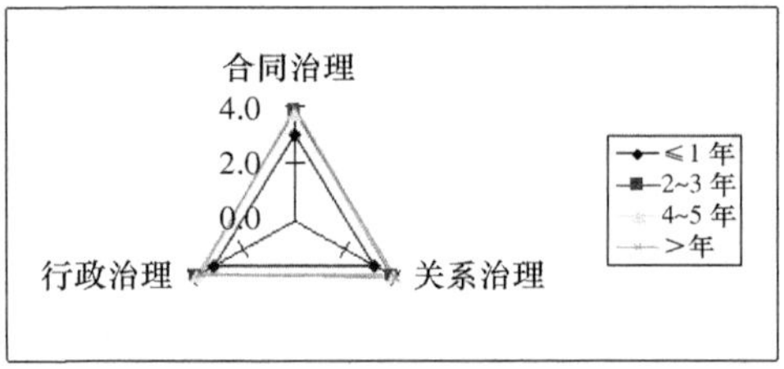

图 6-17　不同项目工期在项目治理各维度差异雷达图

所示。可以看出，在合同治理方面，不同项目工期四个组别群体中以“> 5 年”组均值最高，最低是“≤ 1 年”；在关系治理方面，不同项目工期四个组别群体中以“> 5 年”组均值最高，最低是“≤ 1 年”；在行政治理方面，不同项目工期四个组别群体中以“4~5 年”组均值最高，最低是“≤ 1 年”。

单因素方差分析法被进一步用来检验不同项目工期在项目治理各维度——合同治理、关系治理和行政治理的影响是否存在显著性差异，分析结果如表 6-9 所示。研究结果表明，不同项目工期在行政治理不存在显著差异，但在合同治理和关系治理存在显著差异。因此，进一步采用 Scheffe 法和 HSD 分析对项目治理各维度的影响进行两两对比。从表 6-9 中可以发现，根据 HSD 法的结果可知，对于合同治理机制：“> 5 年”组群体的感知显著高于“≤ 1 年”组群体；对于关系治理机制：“> 5 年”组群体的感知显著高于“≤ 1 年”组群体。根据 HSD 法的结果可知，对于合同治理机制：“> 5 年”组群体的感知显著高于“≤ 1 年”组群体，“2~3 年”组群体的感知显著高于“≤ 1 年”组群体；对于关系治理机制：“> 5 年”组群体的感知显著高于“≤ 1 年”组群体，“4~5 年”组群体的感知显著高于“≤ 1 年”组群体。

表 6–9 不同项目工期在项目治理各维度差异比较

检验变量	变异来源	平方和	df	均方	F 检验	显著性	事后比较 Scheffe 法	事后比较 HSD 法
合同治理	组间	5.548	3	1.849	3.125*	0.027	D > A	B > A D > A
	组内	136.673	231	0.592				
	总数	142.220	234					
关系治理	组间	4.422	3	1.474	2.777*	0.042	D > A	C > A D > A
	组内	122.640	231	0.531				
	总数	127.062	234					
行政治理	组间	3.246	3	1.082	1.795	0.149	n.s.	n.s.
	组内	139.248	231	0.603				
	总数	142.494	234					

注：* 表示 $p < 0.05$，n.s. 表示 $p > 0.05$。

不同项目工期在项目治理的均值折线图如图 6-18 所示。可以看出，在整体项目治理方面，不同项目工期四个组别群体中以“＞ 5 年”组均值（M=3.8788）最高，最低是“≤ 1 年”（M=3.1095）。总体上，整个项目治理曲线可以看出，随着项目工期的增长，项目治理感知程度增大。这说明项目工期对于项目治理存在一定的影响。

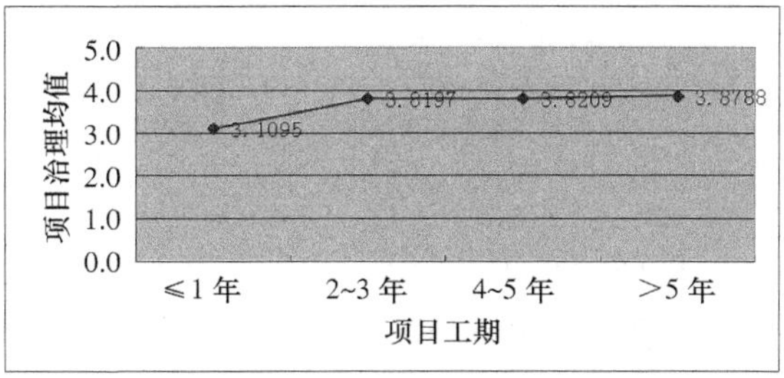

图 6-18 不同项目工期在项目治理的均值折线图

6.3.5 不同单位角色在项目治理的差异特征分析

受访者参与的重大工程项目的单位角色可以分为四类：业主方（A）、施工方（B）、设计方（C）、其他（D），分析不同单位角色在项目治理各维度的差异，其差异雷达图如图 6-19 所示。可以看出，在合同治理方面，不同单位角色四个组别群体中以“其他”组均值最高，最低是“设计方”；在关系治理方面，不同单位角色四个组别群体中以“其他”组均值最高，最低是“设计方”；在行政治理方面，不同单位角色四个组别群体中以“施工方”组均值最高，最低是“业主方”。

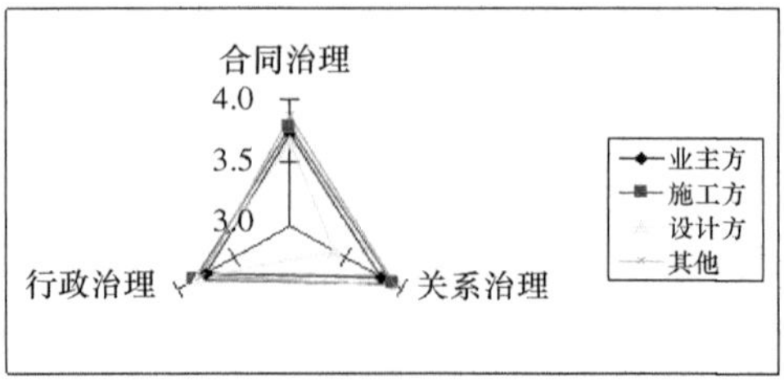

图 6-19　不同单位角色在项目治理各维度差异雷达图

单因素方差分析法被进一步用来检验不同项目的单位角色在项目治理各维度——合同治理、关系治理和行政治理是否存在显著性差异，分析结果如表 6-10 所示。研究结果表明，不同单位角色在项目治理各维度不存在显著差异。

表 6–10　不同单位角色在项目治理各维度差异比较

检验变量	变异来源	平方和	d*f*	均方	*F* 检验	显著性
合同治理	组间	0.820	3	0.273	0.447	0.720
	组内	141.400	231	0.612		
	总数	142.220	234			
关系治理	组间	2.938	3	0.979	1.823	0.144
	组内	124.124	231	0.537		
	总数	127.062	234			
行政治理	组间	0.403	3	0.134	0.218	0.884
	组内	142.091	231	0.615		
	总数	142.494	234			

不同单位角色在项目治理均值折线图如图 6-20 所示。可以看出，在整体项目治理方面，不同单位角色四个组别群体中以“其他”组均值（*M*=3.8731）最高，最低是“设计方”（*M*=3.6200）。

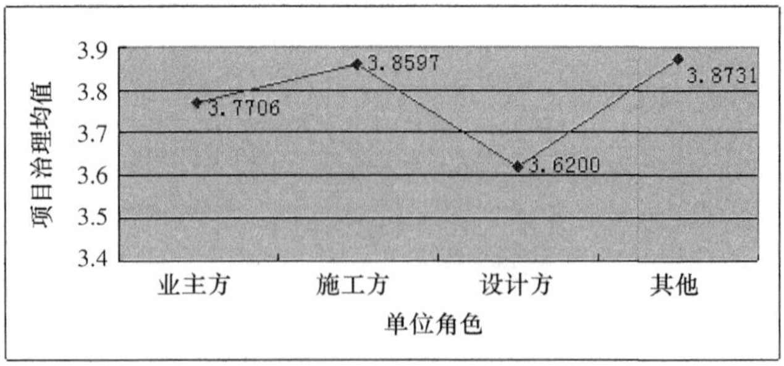

图 6-20　不同单位角色在项目治理的均值折线图

6.4　差异性特征分析结论

本书采用独立样本 T 检验与单因素方差分析法分析受访者特征与项目特征在重大工程项目治理机制各维度——合同治理、关系治理和行政治理是否存在显著性差异，结论总结如表 6-11 所示。

表 6–11　特征变量对项目治理各维度的影响差异分析总结

变量	合同治理	关系治理	行政治理
性别	×	×	×
年龄	√	×	×
教育背景	×	√	×
参与年限	×	×	×
项目职位	√	×	√
项目类型	×	×	√
参与阶段	×	×	×
项目投资	×	×	×
项目工期	√	√	×
单位角色	×	×	×

注：√表示差异显著，× 表示差异不显著。

从表 6-11 中可以看出，从重大工程项目治理机制整体来看，受访者的不同年龄、教育背景、项目职位及项目类型、项目工期都对项目治理机制各维度的感知存在显著差异。受访者特征与项目类型在重大工程项目治理机制各维度的具体差异性表现为：①不同性别的受访者对重大工程项目治理机制各维度的感知均无显著差异。②不同年龄的受访者对重大工程项目治理机制的关系治理和行政治理均无显著差异，但对合同治理机制的感知存在显著差异。③不同教育背景的受访者对重大工程项目治理机制的合同治理和行政治理机制均无显著差异，但对关系治理机制的感知存在显著差异。④不同参与重大工程建设年限的受访者对重大工程项目治理机制各维度的感知均无显著差异。⑤不同项目职位的受访者对重大工程项目治理机制的关系治理无显著差异，但对合同治理机制和行政治理机制的感知均有显著差异。⑥不同项目类型对重大工程项目治理机制的合同治理和关系治理均无显著差异，但对行政治理机制的感知存在显著差异。⑦项目的不同参与阶段对重大工程项目治理机制各维度的感知均无显著差异。⑧不同项目投资对重大工程项目治理机制各维度的感知均无显著差异。⑨不同项目工期对重大工程项目治理机制的合同治理和关系治理均无显著差异，但对行政治理机制的感知存在显著差异。⑩项目的不同单位角色对重大工程项目治理机制各维度的感知均无显著差异。

6.5 本章小结

基于第5章将重大工程项目治理分为合同治理、关系治理和行政治理三大类，本章继续分析了性别、年龄、教育背景、工作年限、项目职位等受访者特征以及项目类型、参与阶段、项目投资、项目工期、单位角色等项目特征分别在项目治理各维度的差异性特征。研究结果表明，除了受访者的性别、参与年限、参与阶段、项目投资、单位角色在项目治理机制的各维度均不存在显著差异外，其余各变量如受访者的不同年龄、教育背景、项目职位、项目类型及项目工期都在项目治理各维度的感知存在显著差异。基于研究结果，可以为项目管理实践者在项目治理实施过程中关注这些差异提供借鉴，从而区别对待并正确引导，实现更好的项目治理绩效。

第 7 章 重大工程项目治理的影响机理研究

项目成功是项目管理的最终目的。然而，项目治理机制对项目成功的影响机理尚未研究清楚，尤其缺乏我国重大工程项目情境下的实证研究。因此，本章基于文献综述和专家访谈资料，构建“治理机制—治理绩效—项目成功”理论模型，并提出重大工程项目治理机制对治理绩效及项目成功的关系假设，采用结构方程模型探索重大工程项目治理机制的相互作用以及对项目成功的影响机理，从而为项目治理实践提供指导。

7.1 理论模型框架

重大基础设施工程趋向于被视为“一次性的交易项目”，这种项目的交易似乎没有受到“将来（再进行交易）阴影”的强烈影响。因此，如何监控交易的进行，交易相关方的投机行为对项目成功显得十分重要，重大基础设施工程项目存在极端（巨大）的治理挑战（Henisz & Levitt，2011）。然而，项目治理对项目成功的影响机理尚未研究清楚，尤其是缺乏中国重大基础设施情境下的实证研究证据来系统地阐述这种影响机理。

针对于此，基于重大工程项目治理具有的政府主导特征，尝试整合合同治理、关系治理和行政治理三维机制并探讨其内在交互作用，即遵循“项目治理机制—项目治理绩效—项目成功”的研究思路，对重大工程项目治理机制影响作用的内在机理进行理论探讨和实证分析。重大工程项目治理机制的影响机理研究框架如图 7-1 所示。

本章将采用结构方程模型（SEM）分析重大工程项目治理机制的影响作用。项目治理机制、项目治理绩效与项目成功由多个维度构成的，各个维度之间呈现出一定的结构性和层次性，因而可采用结构方程模型分析项目治理机制各维度对项目治理绩效及项目成功的影响作用。

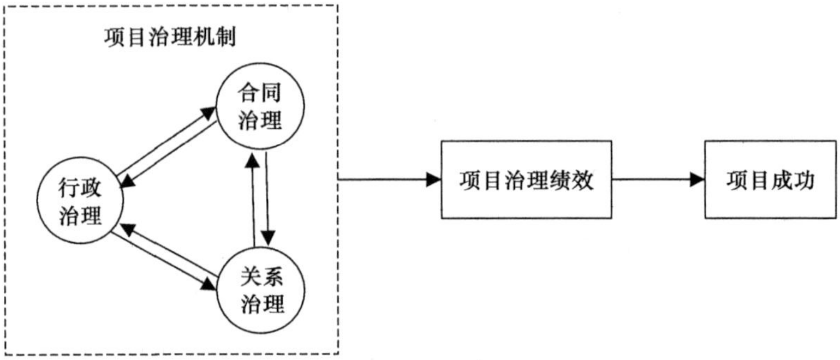

图 7-1　重大工程项目治理机制的影响机理研究框架图

7.2　研究假设的提出

7.2.1　研究假设

1. 直接作用下的项目治理机制与项目治理绩效

Caniëls（2012）

将治理机制的共同演变与项目成果联系起来，如对成本、时间和质量方面的影响，研究表明治理机制对项目成果存在影响作用；Chen & Manley（2014）开发量表来衡量合作项目的治理和绩效的关系，研究表明，项目治理机制能很好地预测项目绩效偏差；Lu et al.（2015）基于交易成本经济，分析了合同治理和关系治理在改善项目绩效，抑制机会主义的效果，研究结果表明，合同治理与关系治理均能改善项目绩效。可以看出，现有关于项目治理对项目绩效影响的研究结果均表明，合同治理和关系治理水平的提升都会进一步提升项目绩效。因此，提出以下假设：

H0：项目治理机制对治理绩效存在正向影响作用。

2. 直接作用下的合同治理机制与项目治理绩效

合同是用于特定交易、协议和承诺的交换条款，由价格、专用性资产等构成（Williamson，1996）。虽然合同机制可以降低交易关系中的风险和不确定性，但由于合同的不完备性特征，导致不可能应对一切可能的风险和不确定性。制订合同治理机制时，除了合同的硬性规定外还应保持适度弹性用以应对可能发生的风险（Luo，2012），也就是合理的风险分担。风险分担属于工程建设项目比较常用的激励机制（刘家明等，2005），合理风险分担可以避免发生复杂的谈判（Oudot，2005），确保项目的顺利进行（杨文宇，2010）。除此之外，合同往往也包含了决定报酬的内容及获取方式的收益分配条款，其所具有的激励作用已经得到了研究论证。

总体上，合同是重大工程项目各参与方分担风险、收益分配的正式化表述，对合同双方都具有激励作用。制订明确详细的合同条款，并采取严格监控措施会对避免交易双方的机会主义行为，进而提高治理绩效（梁永宽，2008）。非结构化访谈中的专家也认为："作为整个项目的利益共同体，建立的合约有助于实现共同的项目目标。"综上所述，本书提出以下假设：

H1：合同治理机制对治理绩效存在正向影响作用；

H1a：风险分担对治理绩效存在正向影响作用；

H1b：收益分配对治理绩效存在正向影响作用。

3. 直接作用下的关系治理机制与项目治理绩效

基于关系治理理论视角，即使是合同环境下的交易也存在关系治理（Gil，2009）。Ness & Haugland（2005）的研究表明，在临时性关系中，也能够制造以信任和关系准则为特征的合作氛围。事实上，已有研究表明，建筑行业合作伙伴良好的关系不仅与目标相关的行为有关，还与相互信任、及时准确的信息共享、以积极合作的态度来共同解决问题等相关（Black & Akintoye，2000）。如果项目合作者采纳如团结、亲密、完整性、灵活性等关系规范，就能保证良好的合作关系（Faisol et al.，2015）。这些都表明，交易双方的关系治理能够提高合作的满意度（Poppo & Zenger，2002）。在非结构化访谈中，专家也提道："关系治理如重大工程建设中常用的文化建设方法对项目绩效的提升起到了很大的作用。"薛晓芳等（2012）通过对组织沟通有效性与绩效的关系研究表明，信息共享的准确性和充分性会对合作关系满意度产生显著影响作用。王禹杰（2009）认为，建设项目沟通作为项目各参与方管理的纽带，有利于项目组织成员之间的友好交流和相互学习，有利于关系维护，从而极大地提高项目执行的效率。换句话说，项目组织有效的信息共享，可以提升各参与方之间的合作满意度，从而产生一定的激励效应（Pietroforte，1997）。此外，共同解决问题可以反映组织间合作行为的态度并进一步明确各自责任和权利，从而避免合作中可能产生的投机行为（Zaheer & Venkatraman，1995），进一步提高治理绩效。与之类似，我国重大工程项目文化常常通过劳动竞赛、党员先锋队等文化建设活动来实现，从而构建良好的合作伙伴关系，建立相互信任关系，而信任可以提升激励水平，实现有效的激励（Dekker，2004）。

基于上述分析，本书提出以下假设：

H2：关系治理机制对治理绩效存在正向影响作用；

H2a：关系维护对治理绩效存在正向影响作用；

H2b：文化建设对治理绩效存在正向影响作用。

4. 直接作用下的行政治理机制与项目治理绩效

莱德伯格认为如果没有法律上的契约和制裁，操作层面上的交易不可能实现（邓娇娇，2013）。对于重大基础设施工程项目，其对社会深远的影响作用需要政府能弥补市场失灵，可以看出行政治理机制的重要性（邓娇娇，2013）。在非结构化访谈中，专家普遍认为："在中国我们的重大基础设施工程，基本上是政府指导的，政府可以集全国之力办大事，比如抗洪救灾、地震、奥运、世博，其实绝对是因为政府是非常强有力的集权，包括强有力的手段……"行政治理机制包括政府监管和政府协调，基于上述分析，本书提出以下假设：H3：行政治理机制对治理绩效存在正向影响作用；

H3a：政府监管对治理绩效存在正向影响作用；

H3b：政府协调对治理绩效存在正向影响作用。

5. 中介作用下的项目治理机制与项目治理绩效

重大工程项目的行政治理机制和合同治理机制都属于正式治理，两者可以相互作用从而提升项目治理绩效。其中，行政治理通过行政手段来配置责权利，合同治理则利用合同手段来配置责权利；权力和合同分别是行政治理与合同治理的治理工具，政治契约和经济契约分别是行政治理与合同治理的治理依据，两者的治理本质都是契约治理（Winch，1989）。综上所述，本书提出以下假设：

H4：行政治理机制通过合同治理机制对治理绩效产生正向影响作用；

H5：合同治理机制通过行政治理机制对治理绩效产生正向影响作用。

对重大工程项目治理机制中的关系治理机制和行政治理机制研究有必要考虑中国文化情境：一是中国具有人情文化特征，需要考虑中国关系文化在建筑行业中的渗透和反映，如项目利益相关方之间的各种联谊活动以及非正式沟通渠道等；二是政府在重大工程项目的主导作用，需要注意政府在建设过程中非正式的表达形式，如领导不定期的视察工作，为了促进项目实施而举办的各种创优评比等文化建设活动。行政治理和关系治理的相互作用有利于提升治理绩效。综上所述，本书提出以下假设：

H6：行政治理机制通过关系治理机制对治理绩效存在正向影响作用；

H7：关系治理机制通过行政治理机制对治理绩效存在正向影响作用。

关于关系治理机制和合同治理机制的相互作用，已有很多成熟的研究成果。孙华等（2015）通过实证分析表明，正式治理在关系治理和项目绩效间起部分中介作用，体现为“替代关系”或“互补关系”；尹贻林等（2011）分析了公共项目合同治理与关系治理二维治理机制的均衡作用；Lu et al.（2015）表明合同治理与关系治理都能改善项目绩效，而且两者相互补充而不是替代关系；严玲等（2016）采用结构方程模型，探索出公共项目中契约治理和关系治理的相互作用及其对项目管理绩效的影响机理。综上所述，本书提出以下假设：

H8：关系治理机制通过合同治理机制对治理绩效存在正向影响作用；

H9：合同治理机制通过关系治理机制对治理绩效存在正向影响作用。

7. 双重中介作用下的项目治理机制与项目治理绩效

已有文献研究主要聚焦于合同治理机制和关系治理机制的相互作用，而重大工程项目治理机制还包括行政治理机制，因此有必要分析合同治理、关系治理和行政治理间的交互影响作用。结合重大工程项目治理机制的合同治理、关系治理和行政治理两两维度间的影响作用假设，这部分将考虑项目治理机制各维度在双重中介作用下对治理绩效的影响机理。综上所述，本书提出以下假设：

H10：行政治理机制通过合同治理和关系治理机制对治理绩效存在正向影响作用；

H11：合同治理机制通过行政治理和关系治理机制对治理绩效存在正向影响作用；

H12：关系治理机制通过合同治理和行政治理机制对治理绩效存在正向影响作用。

8. 直接作用下的项目治理绩效与项目成功

重大工程项目治理机制的实施是为了确保项目的成功实现。项目成功不仅包括传统的工期、成本、质量三大目标的实现，还包括各参与方目标的实现，以及业主和相关方的满意度和认可度。良好的项目治理机制可以为项目各参与方提供合理、有效的制度环境，并提供有效的激励和约束，从而提高管理者的决策质量、促进合作关系的发展，这些都为项目成功的实现提供了有力保障（邓娇娇，2013）。综上所述，本书提出以下假设：

H13：治理绩效对项目成功存在正向影响作用。

7.2.2 假设汇总

上一节基于理论分析，对重大工程项目的合同治理机制、关系治理机制和行政治理机制及其与项目治理绩效、项目成功之间的关系进行了分析，并给予不同相互作用关系提出了四组研究假设，假设汇总如表 7-1 所示。

表 7–1 研究假设汇总

编号	假设内容
第一组假设：直接作用下的项目治理机制与项目治理绩效	
H0	项目治理机制对治理绩效存在正向影响作用
H1	合同治理机制对治理绩效存在正向影响作用
H1a	风险分担对治理绩效存在正向影响作用
H1b	收益分配对治理绩效存在正向影响作用
H2	关系治理机制对治理绩效存在正向影响作用
H2a	关系维护对治理绩效存在正向影响作用
H2b	文化建设对治理绩效存在正向影响作用
H3	行政治理机制对治理绩效存在正向影响作用
H3a	政府监管对治理绩效存在正向影响作用
H3b	政府协调对治理绩效存在正向影响作用
第二组假设：中介作用下的项目治理机制与项目治理绩效	
H4	行政治理机制通过合同治理机制对治理绩效存在正向影响作用
H5	合同治理机制通过行政治理机制对治理绩效存在正向影响作用
H6	行政治理机制通过关系治理机制对治理绩效存在正向影响作用
H7	关系治理机制通过行政治理机制对治理绩效存在正向影响作用
H8	关系治理机制通过合同治理机制对治理绩效存在正向影响作用
H9	合同治理机制通过关系治理机制对治理绩效存在正向影响作用
第三组假设：双重中介作用下的项目治理机制与项目治理绩效	
H10	行政治理机制通过合同治理机制和关系治理对治理绩效存在正向影响作用
H11	合同治理机制通过行政治理机制和关系治理对治理绩效存在正向影响作用
H12	关系治理机制通过合同治理机制和行政治理对治理绩效存在正向影响作用
第四组假设：直接作用下的项目治理绩效与项目成功	
H13	治理绩效对项目成功存在正向影响作用

7.3 验证性因子分析

7.3.1 项目治理整体验证性因子分析

（1）因子模型设定

项目治理机制，由政府监管、政府协调、风险分担、收益分配、文化建设和关系维护等六个潜在变量构成。其中政府监管有 6 个测量指标，政府协调有 4 个

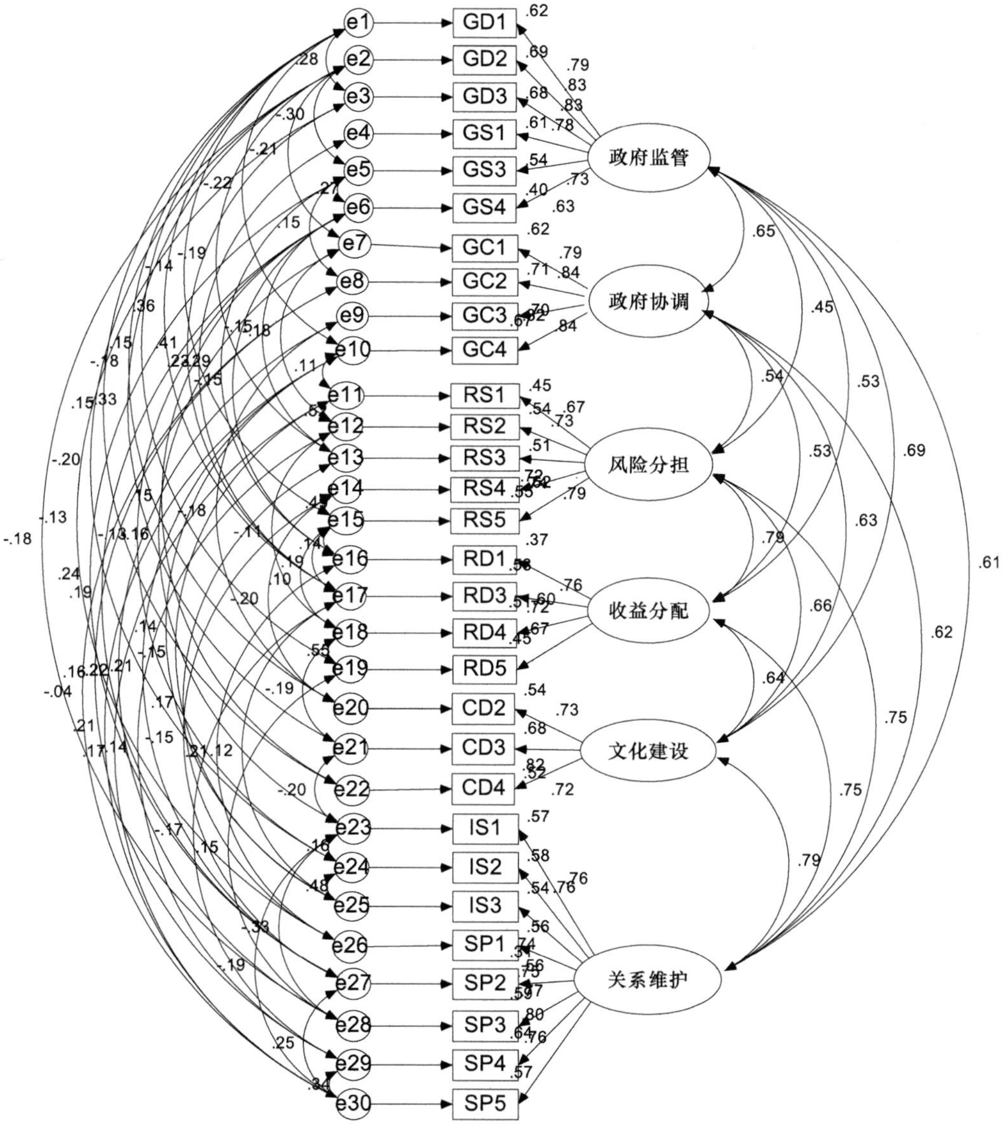

图 7-2　项目治理机制整体模型 CFA 分析

测量指标，风险分担有 5 个测量指标，收益分配有 4 个测量指标，文化建设有 3 个测量指标，关系维护有 8 个测量指标。项目治理机制的整体模型验证性因子（CFA）分析如图 7-2 所示。

（2）模型参数估计

运用 AMOS 软件，多因素斜交被用来对模型进行分析，结果如表 7-2 所示。从绝对拟合指标来看，$\chi^2/df=1.088$，$p=0.130>0.01$，未达到显著水平，这表明项目治理机制测量模型的协方差矩阵与实证资料的协方差矩阵相等的假设得到支持，即假设模型图与观察数据相吻合。需要进一步观察其他指标，*GFI*=0.914（> 0.80），*AGFI*=0.879（> 0.80），*RMSEA*=0.019（< 0.08），说明模型可以接受；观察相对拟合指标，*IFI*=0.994（> 0.90），*CFI*=0.994（> 0.90），*NFI*=0.930（> 0.80），可以看出，项目治理机制的因子模型拟合良好，说明模型具有良好的建构效度，可以接受。

表 7–2　项目治理机制的整体测量模型参数估计表

潜变量	测量条款	标准化系数（*R*）	*t* 值	R^2	*ρc*	*AVE*
政府监管	GD1	0.790	—	0.624	0.896	0.592
	GD2	0.831	14.215***	0.690		
	GD3	0.827	17.231***	0.684		
	GS1	0.779	13.227***	0.607		
	GS3	0.735	11.980***	0.540		
	GS4	0.635	10.273***	0.403		
政府协调	GC1	0.785	—	0.616	0.893	0.675
	GC2	0.841	14.171***	0.708		
	GC3	0.839	15.633***	0.705		
	GC4	0.820	15.124***	0.672		
风险分担	RS1	0.673	10.060***	0.454	0.851	0.535
	RS2	0.734	11.074***	0.539		
	RS3	0.718	10.947***	0.515		
	RS4	0.786	—	0.617		
	RS5	0.740	16.213***	0.548		
收益分配	RD1	0.605	—	0.366	0.477	0.784
	RD3	0.763	8.728***	0.583		
	RD4	0.717	8.463***	0.515		
	RD5	0.668	8.044***	0.446		
文化建设	CD2	0.734	10.717***	0.538	0.805	0.580
	CD3	0.823	11.602***	0.677		
	CD4	0.723	—	0.522		
关系维护	IS1	0.757	11.683***	0.572	0.905	0.546
	IS2	0.762	12.012***	0.581		
	IS3	0.736	11.611***	0.542		
	SP1	0.748	—	0.559		
	SP2	0.559	8.683***	0.313		
	SP3	0.767	12.026***	0.588		
	SP4	0.797	12.649***	0.636		
	SP5	0.757	11.826***	0.573		

拟合优度指数（*P*=0.130）：

χ^2/df	*GFI*	*AGFI*	*NFI*	*IFI*	*CFI*	*RMSEA*
1.088	0.914	0.879	0.930	0.994	0.994	0.019

注：未列 *t* 值则为固定参数项目；*** 表示 $p < 0.001$。

（3）信度评估

从表 7-2 中可以看出，所有测量条款的标准化负荷都达到了 0.5 的临界值，且所有标准化系数皆达到了显著水平。可以看出，这 30 个指标可以反映这六个潜在因子。建构信度可以用来衡量因子的信度。观察表中的组合信度值，除了收益分配，其余变量的组合信度值都达到了 0.6 的临界值，研究表明项目治理机制各潜变量的内部一致性良好，具有良好的信度。

（4）效度评估

关于项目治理整体测量模型的收敛效度，除了个别题项，大部分潜变量的因素负荷均大于临界值 0.5，可以看出模型具有良好的收敛效度。关于项目治理机制模型的区分效度，可以通过两两因子之间限制模型与未限制模型两者的 χ^2 值之差来分析。如果两者 χ^2 值之差的差异达到显著性水平，则证明两因子之间具有良好的区分效度。整体模型共有六个因子，给予两两配对，求得 15 对区分效度的检验，结果如表 7-3 所示。研究结果表明，这 15 对配对的 χ^2 值之差均达到了显著水平，证明项目治理机制六个因子之间具有良好的区分效度。

表 7–3　项目治理机制的整体模型区分效度

两两配对因子	未限制模型		限制模型		χ^2 值之差及显著性		
	χ^2 值	df	χ^2 值	df	χ^2 值之差	df	P 值
政府监管—政府协调	114.631	34	137.453	35	***	1	0.000
政府监管—风险分担	206.019	43	242.529	44	***	1	0.000
政府监管—收益分配	151.056	34	195.560	35	***	1	0.000
政府监管—文化建设	107.217	26	127.935	27	***	1	0.000
政府监管—关系维护	267.506	76	309.224	77	***	1	0.000
政府协调—风险分担	139.743	26	179.363	27	***	1	0.000
政府协调—收益分配	37.850	19	101.189	20	**	1	0.006
政府协调—文化建设	15.381	13	50.331	14	***	1	0.000
政府协调—关系维护	212.240	53	266.651	54	***	1	0.000
风险分担—收益分配	170.747	26	199.612	27	***	1	0.000
风险分担—文化建设	132.879	19	165.668	20	***	1	0.000
风险分担—关系维护	334.556	64	370.267	65	***	1	0.000
收益分配—文化建设	48.520	13	99.804	14	***	1	0.000
收益分配—关系维护	236.932	53	291.653	54	***	1	0.000
文化建设—关系维护	176.690	43	213.069	44	***	1	0.000

注：*** 表示 $p < 0.001$，** 表示 $p < 0.01$。

（5）二阶验证性因子分析

进一步进行重大工程项目治理机制的二阶验证性因子分析，分析模型如图 7-3

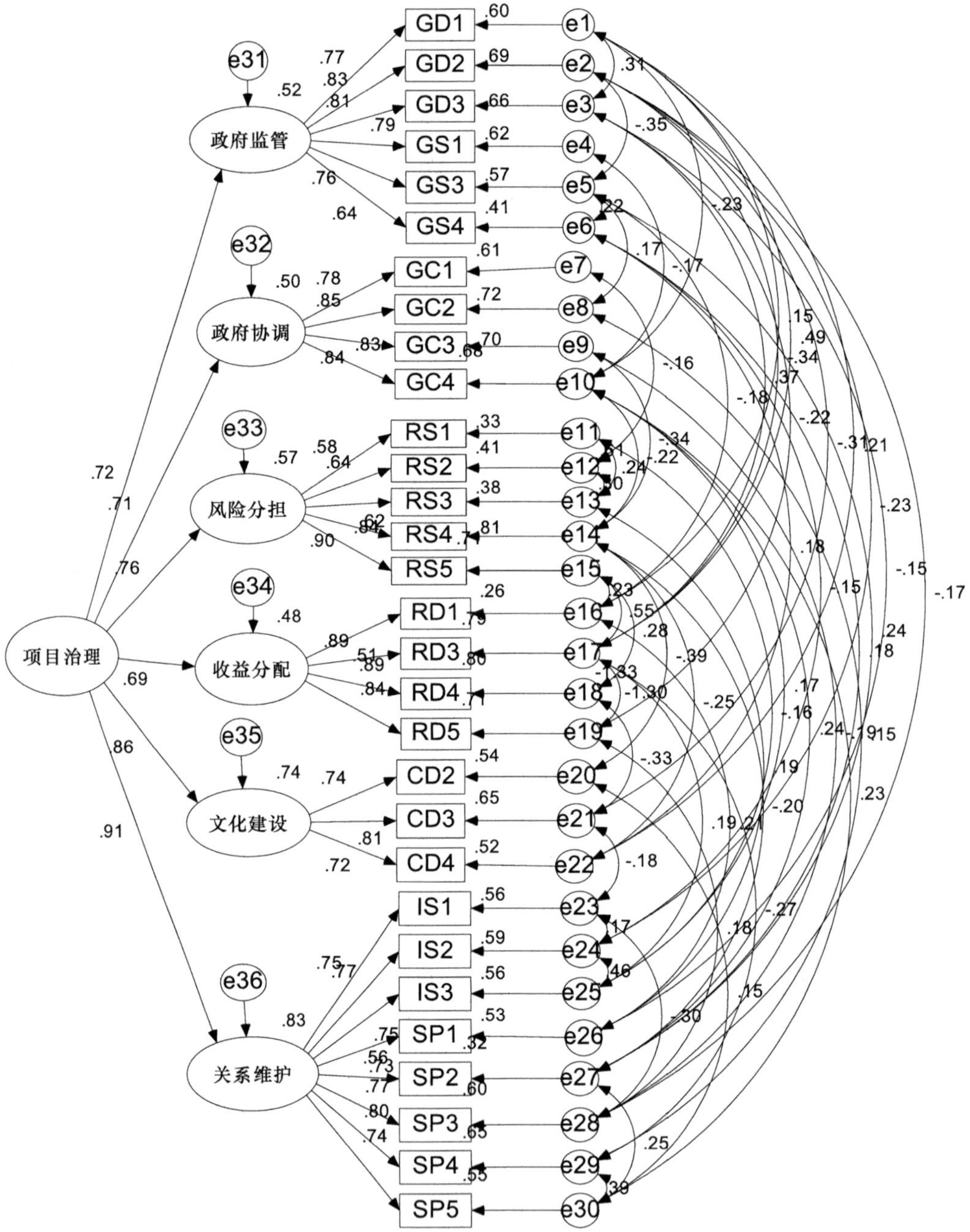

图 7-3　项目治理机制的二阶整体模型 CFA 分析

所示。从绝对拟合指标来看，χ^2/df =1.297，p=0.000 < 0.01，达到显著水平，拒绝虚无假设，说明测量模型的协方差矩阵与实证资料的协方差矩阵相等的假设没有获得支持。即需要进一步观察其他数据进行分析：*GFI*=0.894（> 0.80），*AGFI*=0.857（> 0.80），*RMSEA*=0.036（< 0.08），说明模型可以接受；观察相对拟合指标，*IFI*=0.979（> 0.90），*CFI*=0.978（> 0.90），*NFI*=0.913（> 0.80），从这些指标可以看出，项目治理机制的二阶验证性因子模型拟合良好，建构效度良好，说明模型可以接受。

借助于 AMOS 软件，多因素斜交被用来进行二阶整体模型验证分析，结果如表 7-4 所示。可以看出，在重大工程项目治理机制的二阶 CFA 模型中，除了收益分配，各一阶因子对二阶因子的负载系数均大于 0.5，达到显著性水平，说明各一阶因子对二阶因子的收敛效度良好。组合信度 ρc 的值为 0.901，大于临界值 0.6，说明二阶因子模型的建构信度较好；二阶因子的平均方差抽取量 AVE 为 0.606，大于临界值 0.50，可以看出该二阶因子模型能有效解释其一阶因子一半以上的变异。因此，研究表明项目治理机制的二阶因子模型拟合水平较好。

表 7–4　重大工程项目治理机制的二阶 CFA 模型参数估计表

二阶因子	一阶因子	标准化系数（*R*）	*t* 值	R^2	ρc	*AVE*
项目治理	政府监管	0.718	—	0.515	0.901	0.606
	政府协调	0.710	7.970***	0.504		
	风险分担	0.757	8.585***	0.573		
	收益分配	0.691	6.139***	0.478		
	文化建设	0.858	8.501***	0.735		
	关系维护	0.912	8.520***	0.832		
拟合优度指数（*P*=0.000）：						
χ^2/df	*GFI*	*AGFI*	*NFI*	*IFI*	*CFI*	*RMSEA*
1.297	0.894	0.857	0.913	0.979	0.978	0.036

注：未列 *t* 值则为固定参数项目；*** 表示 p < 0.001。

7.3.2　项目治理各维度验证性因子分析

1. 合同治理机制量表的验证性因子分析

（1）因子模型设定

合同治理机制由两个潜在变量构成，分别是风险分担、收益分配。其中风险分担有 5 个测量指标，收益分配有 4 个测量指标。合同治理机制的整体模型 CFA 分析如图 7-4 所示。

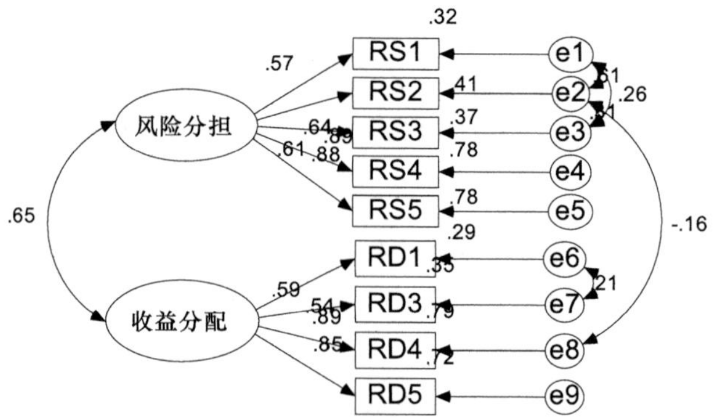

图 7-4　合同治理机制的整体模型 CFA 分析

（2）模型参数估计

运用 AMOS 软件，采用多因素斜交对模型进行分析，结果如表 7-5 所示。从绝对拟合指标来看，χ^2/df=2.373，p=0.000，达到显著水平，不接受虚无假设，这表明合同治理机制测量模型的协方差矩阵与实证资料的协方差矩阵相等的假设未得到支持，即假设模型图与观察数据不吻合，需要进一步通过其他指标来判定。GFI=0.957（$>$ 0.80），$AGFI$=0.909（$>$ 0.80），$RMSEA$=0.077（$<$ 0.08），说明模型可以接受；观察相对拟合指标，IFI=0.975（$>$ 0.90），CFI=0.974（$>$ 0.90），NFI=0.957（$>$ 0.80），总体上，合同治理机制因子模型具有良好的拟合，建构效度良好，模型可以接受。

表 7–5　合同治理机制的整体测量模型参数估计表

潜变量	测量条款	标准化系数（R）	t 值	R^2	ρc	AVE
风险分担	RS1	0.565	12.036***	.320	0.846	0.532
	RS2	0.638	—	.407		
	RS3	0.609	9.765***	.371		
	RS4	0.885	10.621***	.784		
	RS5	0.883	10.610***	.779		
收益分配	RD1	0.537	—	.289	0.816	0.538
	RD3	0.591	7.758***	.350		
	RD4	0.890	8.411***	.791		
	RD5	0.849	8.353***	.721		

拟合优度指数（P=0.000）：

χ^2/df	GFI	$AGFI$	NFI	IFI	CFI	$RMSEA$
2.373	0.957	0.909	0.957	0.975	0.974	0.077

注：未列 t 值则为固定参数项目；*** 表示 $p <$ 0.001。

（3）信度评估

从合同治理机制分析表中数值可以看出，所有测量题项的标准化负荷都达到了 0.5 的临界值，且所有的标准化系数都达到了显著性水平，因此，这 9 个指标可以作为潜在因子风险分担和收益分配的测量指标。从表中的分析数值可以清晰地看出，组合信度的值都达到了 0.6 的临界值，说明合同治理机制各潜变量的内部一致性良好，信度指标均可接受。

（4）效度评估

对于合同治理整体测量模型的收敛效度，除了个别题项，其他潜变量所属的因素负荷都达到了 0.5 的临界值，说明合同治理机制量表的潜变量收敛效度良好。

（5）二阶验证性因子分析

进一步对重大工程合同治理机制进行二阶验证性因子分析，二阶整体模型 CFA 分析如图 7-5 所示，结果如表 7-6 所示。从表中数值可以看出，在合同治理机制的二阶 CFA 分析中，各一阶因子对二阶因子的负载系数均达到了 0.5 的临界值，且达到显著性水平，说明各一阶因子对二阶因子的收敛效度良好。组合信度 ρc 的值为 0.791，达到了 0.6 的临界值，说明二阶因子模型的建构信度较好；二阶因子的 AVE 值为 0.654，大于临界值 0.50，可以看出二阶因子模型能有效解释其一阶因子一半以上的变异。因此，合同治理机制的二阶因子模型的拟合水平较好。

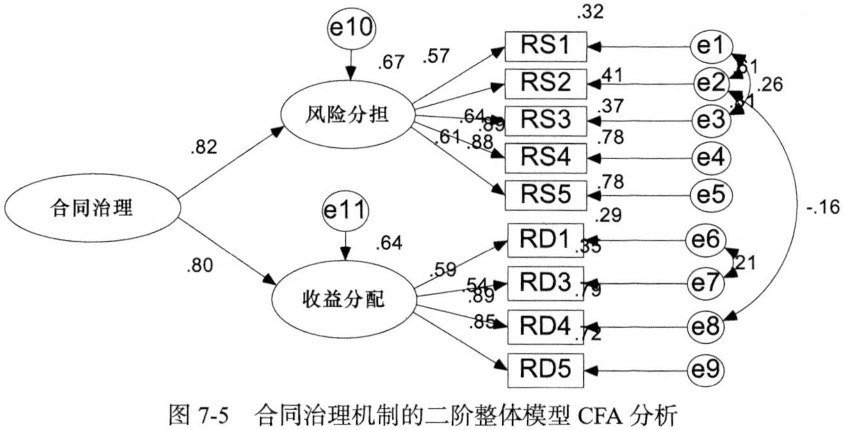

图 7-5　合同治理机制的二阶整体模型 CFA 分析

表 7-6　合同治理机制的二阶 CFA 模型参数估计表

二阶因子	一阶因子	标准化系数（R）	t 值	R^2	ρc	AVE
合同治理	风险分担	0.820	—	0.635	0.791	0.654
	收益分配	0.797	—	0.673		

注：未列 t 值则为固定参数项目；*** 表示 $p < 0.001$。

2. 关系治理机制量表的验证性因子分析

（1）因子模型设定

关系治理机制由二个潜在变量构成，分别是文化建设和关系维护。其中文化建设有 3 个测量指标，关系维护有 8 个测量指标。重大工程项目的关系治理机制整体模型 CFA 分析如图 7-6 所示。

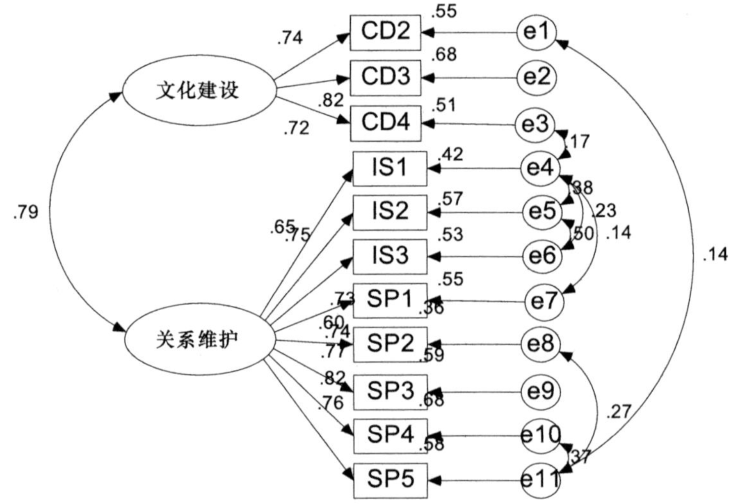

图 7-6　关系治理机制整体模型 CFA 分析

（2）模型参数估计

借助于 AMOS 软件，多因素斜交被用来对模型进行分析，结果如表 7-7 所示。从绝对拟合指标来看，χ^2/df=1.187，p=0.207 > 0.01，未达到显著水平，接受虚无假设，这表明关系治理机制测量模型的协方差矩阵与实证资料的协方差矩阵相等的假设得到支持，即假设模型图与观察数据相吻合。进一步观察，*GFI*=0.969（> 0.80），*AGFI*=0.942（> 0.80）；*RMSEA*=0.028（< 0.08），说明模型可以接受；观察相对拟合指标，*IFI*=0.996（> 0.90），*CFI*=0.996（> 0.90），*NFI*=0.973（> 0.80），整体上看，关系治理机制的因子模型拟合良好，建构效度良好，说明模型可以接受。

（3）信度评估

从关系治理机制的分析表中数值可以发现，所有测量条款的标准化负荷均达到了临界值 0.5，而且所有的标准化系数皆达到了显著性水平，因此，这 11 个指标可以作为关系治理机制的二个潜在因子文化建设和关系维护的测量指标。因子信度用建构信度来衡量，从表 7-7 中可以看出，组合信度的值都达到了临界值 0.6，

表 7–7　关系治理机制的整体测量模型参数估计表

潜变量	测量条款	标准化系数（R）	t 值	R^2	ρc	AVE
文化建设	CD2	0.743	10.137***	0.552	0.806	0.581
	CD3	0.823	10.882***	0.678		
	CD4	0.717	—	0.514		
关系维护	IS1	0.652	10.256***	0.425	0.901	0.535
	IS2	0.752	11.168***	0.566		
	IS3	0.728	10.772***	0.529		
	SP1	0.741	—	0.550		
	SP2	0.600	8.844***	0.361		
	SP3	0.771	11.495***	0.595		
	SP4	0.823	12.249***	0.678		
	SP5	0.759	11.208***	0.577		
拟合优度指数（P=0.207）：						
χ^2/df	GFI	AGFI	NFI	IFI	CFI	RMSEA
1.187	0.969	0.942	0.973	0.996	0.996	0.028

注：未列 t 值则为固定参数项目；*** 表示 $p < 0.001$。

这表明关系治理机制各潜变量的内部一致性良好，说明信度符合要求。

（4）效度评估

对于关系治理机制的整体测量模型的收敛效度，除了个别题项，大部分潜变量所属的因素负荷都达到了临界值 0.5，说明关系治理机制量表的潜变量收敛效度良好。

（5）二阶验证性因子分析

进一步对关系治理机制进行二阶 CFA 分析，模型分析如图 7-7 所示，结果如表 7-8 所示。从表中可以看出，在关系治理机制的二阶 CFA 模型中，各一阶因子对二阶因子的负载系数均达到了临界值 0.5，达到了显著性水平，各一阶因子对二阶因子的收敛效度良好。组合信度 ρc 的值为 0.888，达到了临界值 0.6，可以看出二阶因子模型的建构信度较好；二阶因子的 AVE 值为 0.799 达到了临界值 0.50，说明该二阶因子模型能有效解释其一阶因子一半以上的变异。可以看出，关系治理机制的二阶 CFA 因子模型的拟合水平较好。

3. 行政治理机制量表的验证性因子分析

（1）因子模型设定

行政治理机制由两个潜在变量构成，分别是政府监管和政府协调。其中政府监管有 6 个测量指标，政府协调有 4 个测量指标。行政治理机制的整体模型 CFA 如图 7-8 所示。

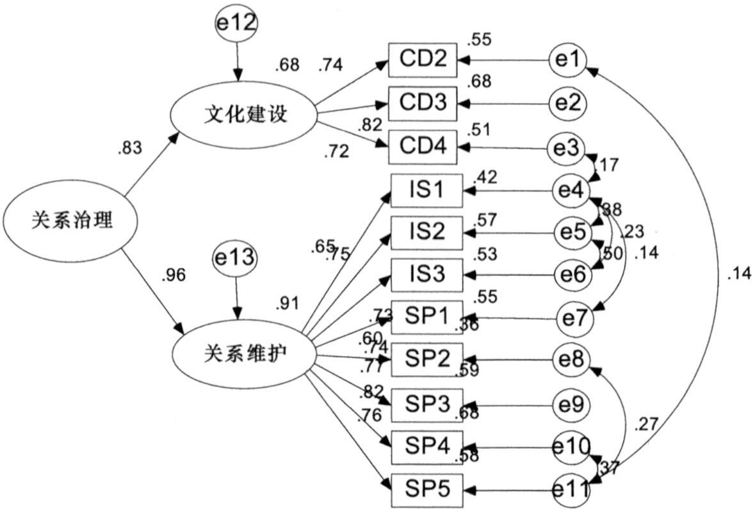

图 7-7　关系治理机制的二阶整体模型 CFA 分析

表 7–8　关系治理机制的二阶 CFA 模型参数估计表

二阶因子	一阶因子	标准化系数（R）	t 值	R^2	ρc	AVE
关系治理	文化建设	0.827	—	0.684	0.888	0.799
	关系维护	0.956	—	0.913		

注：未列 t 值则为固定参数项目；*** 表示 $p < 0.001$。

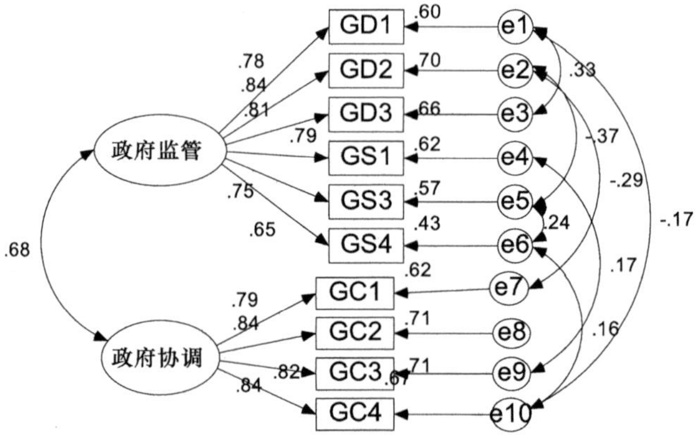

图 7-8　行政治理机制的整体模型 CFA 分析

（2）模型参数估计

借助于 AMOS 软件，多因素斜交被用来对模型进行分析，结果如表 7-9 所示。从绝对拟合指标来看，χ^2/df=1.478，p=0.052 > 0.01，未达到显著水平，这表明行政治理机制测量模型的协方差矩阵与实证资料的协方差矩阵相等的假设得到支持，即假设模型图与观察数据相吻合。此外，*GFI*=0.966（> 0.80），*AGFI*=0.932（> 0.80），*RMSEA*=0.045（< 0.08），说明模型可以接受；观察相对拟合指标，*IFI*=0.991（> 0.90），*CFI*=0.991（> 0.90），*NFI*=0.974（> 0.80），故行政治理机制整体因子模型的建构效度良好，模型可以接受。

表 7–9　行政治理机制的整体测量模型参数估计表

潜变量	测量条款	标准化系数（*R*）	*t* 值	R^2	*ρc*	*AVE*
政府监管	GD1	0.777	—	0.603	0.898	0.596
	GD2	0.837	13.281***	0.701		
	GD3	0.809	16.372***	0.655		
	GS1	0.789	12.830***	0.623		
	GS3	0.754	11.527***	0.568		
	GS4	0.653	10.133***	0.426		
政府协调	GC1	0.786	13.939***	0.617	0.893	0.677
	GC2	0.840	15.380***	0.706		
	GC3	0.843	—	0.710		
	GC4	0.820	14.905***	0.673		
拟合优度指数（*P* =0.052）：						
χ^2/d*f*	*GFI*	*AGFI*	*NFI*	*IFI*	*CFI*	*RMSEA*
1.478	0.966	0.932	0.974	0.991	0.991	0.045

注：未列 *t* 值则为固定参数项目；*** 表示 $p < 0.001$。

（3）信度评估

从行政治理机制表中可以看出，所有测量题项的标准化负荷均达到了临界值 0.5，且所有标准化系数皆满足显著性水平，因此，这 10 个指标可以作为行政治理机制二个潜在因子政府监管和政府协调的测量指标。用建构信度来验证因子信度，从表中数值可以看出，组合信度的值均达到了临界值 0.6，这表明行政治理机制各潜变量的内部一致性良好，说明信度符合要求。

（4）效度评估

对于行政治理整体测量模型的收敛效度，除了个别题项，大部分行政治理机制的潜变量所属的因素负荷均达到了临界值 0.5，说明行政治理机制量表收敛效度较好。

（5）二阶验证性因子分析

进一步对行政治理机制进行二阶因子分析，CFA 因子分析如图 7-9 所示，结果如表 7-10 所示。从表中可以看出，在行政治理机制的二阶 CFA 模型中，各一阶因子对二阶因子的负载系数均达到了临界值 0.5，达到了显著性水平，说明各一阶因子对二阶因子的收敛效度良好。组合信度 ρc 为 0.813，大于 0.6，说明行政治理机制的二阶因子模型的建构信度较好；二阶因子 *AVE* 的值为 0.685，达到了临界值 0.50，说明该二阶因子模型能有效解释其一阶因子一半以上的变异。因此，可以看出行政治理机制的二阶因子模型的拟合水平较好。

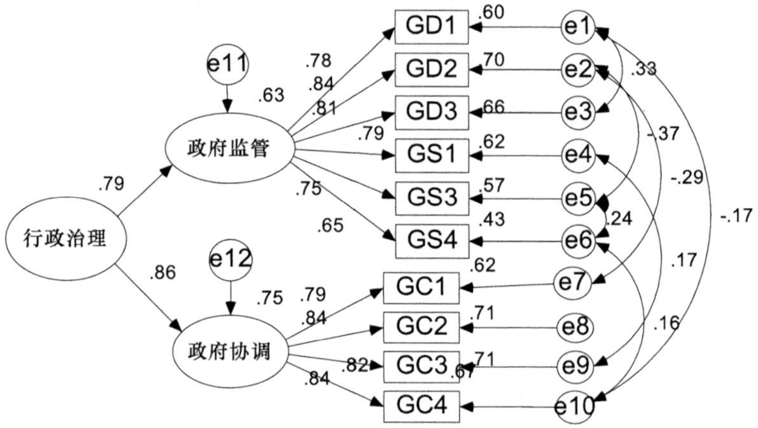

图 7-9　行政治理机制的二阶整体模型 CFA 分析

表 7-10　行政治理机制的二阶 CFA 模型参数估计表

二阶因子	一阶因子	标准化系数（*R*）	*t* 值	R^2	ρc	*AVE*
行政治理	政府监管	0.791	—	0.626	0.813	0.685
	政府协调	0.863	—	0.746		

注：未列 *t* 值则为固定参数项目；*** 表示 $p < 0.001$。

7.3.3　治理绩效整体验证性因子分析

1. 治理绩效量表的信度分析

治理绩效量表的信度分析结果如表 7-11 所示。可以看出，治理绩效量表的总体 α 系数值为 0.863，大于 0.8；表中 CITC 的值介于 0.663 至 0.741 间，大于 0.300，表示每个题项与其余题项加总的一致性高；“项已删除的 α 系数”列的数值所有题项删除后的 α 值均小于 0.863，表示治理绩效量表的内部一致性信度佳。从总体检验情况看，项目成功量表信度检验的 Cronbach’s α 值都符合要求，因此认为本书的量表设计符合信度要求。

2. 治理绩效量表的效度分析

（1）收敛效度分析

通过构建治理绩效各测度项的 CAF 模型，对 CAF 模型的拟合效果进行分析，从而检验治理绩效量表的收敛效度。对治理绩效的测量进行验证性因子分析，结果如图 7-10 与表 7-12 所示。

表 7-11 治理绩效量表内部一致性信度分析结果

测量变量	*CITC*	项已删除的α系数	α系数
GP1	0.682	0.837	0.863
GP2	0.663	0.843	
GP3	0.682	0.836	
GP4	0.741	0.818	
GP5	0.678	0.835	

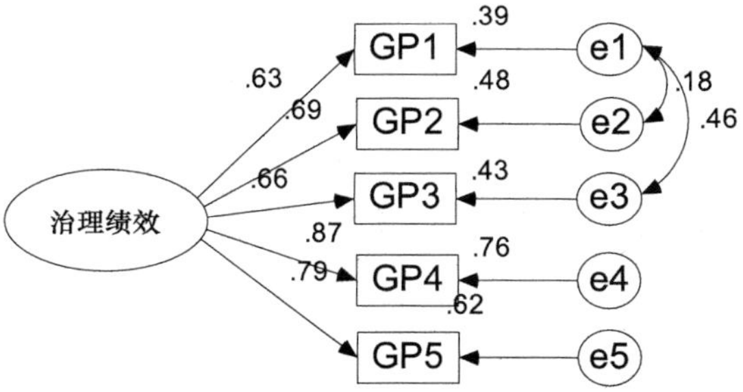

图 7-10 治理绩效测量模型的 CFA 分析

表 7-12 治理绩效的测量模型参数估计表

潜变量	测量条款	标准化系数（*R*）	*t* 值	R^2	*ρc*	*AVE*
治理绩效	GP1	0.626	—	0.391	0.851	0.537
	GP2	0.690	9.425***	0.477		
	GP3	0.656	11.118***	0.430		
	GP4	0.874	9.683***	0.763		
	GP5	0.789	9.340***	0.623		
拟合优度指数（*P*=0.045）：						
χ^2/df	*GFI*	*AGFI*	*NFI*	*IFI*	*CFI*	*RMSEA*
2.683	0.987	0.934	0.986	0.991	0.991	0.085

注：未列 *t* 值则为固定参数项目；*** 表示 $p < 0.001$。

结果显示，治理绩效各条款的标准化负荷系数均达到了临界值 0.5，因子组合信度达到了临界值 0.6，说明测量结构的内部一致性较好。*AVE* 大于 0.5，并且各条款的标准化系数都非常显著，因此，因子的收敛效度可以接受。χ^2/df小于 3，p=0.045 ＞ 0.01，未达到显著水平，说明治理绩效测量模型的协方差矩阵与实证资料的协方差矩阵相等的假设没有得到支持，即假设模型图与观察数据不符合。另外，*GFI*、*AGFI*、*NFI*、*IFI* 和 *CFI* 的值大于 0.9，由上可以看出，模型是有效的。

（2）区分效度分析

对于区分效度，继续通过求得项目治理机制与治理绩效两两因子之间限制模型与未限制模型两者的χ^2值之差来进行判断，如果两者χ^2值之差的差异达到显著性水平，则说明二因子之间的区分效度良好。治理绩效与项目治理机制各维度区分效度的检验结果如表 7-13 所示。结果显示，这 6 对配对χ^2值之差均达到显著水平（$p < 0.05$），表明治理绩效与治理治理六个因子之间彼此区分效度良好。

表 7–13　项目治理机制与治理绩效整体模型的区分效度

两两配对因子	未限制模型		限制模型		χ^2值之差及显著性		
	χ^2值	df	χ^2值	df	χ^2值之差	df	P值
政府监管—治理绩效	164.679	43	214.445	44	***	1	0.000
政府协调—治理绩效	81.923	26	142.302	27	***	1	0.000
风险分担—治理绩效	212.838	34	264.573	35	***	1	0.000
收益分配—治理绩效	155.959	26	223.581	27	***	1	0.000
关系维护—治理绩效	284.340	64	348.662	65	***	1	0.000
文化建设—治理绩效	108.026	19	158.024	20	***	1	0.000

注：*** 表示 $p < 0.001$。

7.3.4　项目成功整体验证性因子分析

1. 项目成功量表的信度分析

项目成功量表的信度分析结果如表 7-14 所示。可以看出，项目成功量表的总体α系数值为 0.924，大于 0.8；表中 *CITC* 的值介于 0.653 至 0.821 间，大于 0.300，表示每个题项与其余题项加总的一致性高；“项已删除的α系数”列的数值除所有题项删除后的α值均小于或等于 0.924，表示项目成功量表的内部一致性信度佳。从总体检验情况看，项目成功量表信度检验的 Cronbach’s α值均达到了临界值，因此认为量表设计符合信度要求。

表 7–14　项目成功量表内部一致性信度分析结果

测量变量	*CITC*	项已删除的α系数	α系数
PS1	0.653	0.924	0.924
PS2	0.701	0.920	
PS3	0.821	0.908	
PS4	0.709	0.917	
PS5	0.790	0.911	
PS6	0.805	0.910	
PS7	0.815	0.910	
PS8	0.744	0.914	

2. 项目成功量表的效度分析

（1）收敛效度分析

通过构建项目成功各测度项的 CAF 模型，对拟合效果进行分析，从而检验各项目成功量表的收敛效度。对项目成功的测量进行验证性因子分析，结果如图 7-11 与表 7-15 所示。

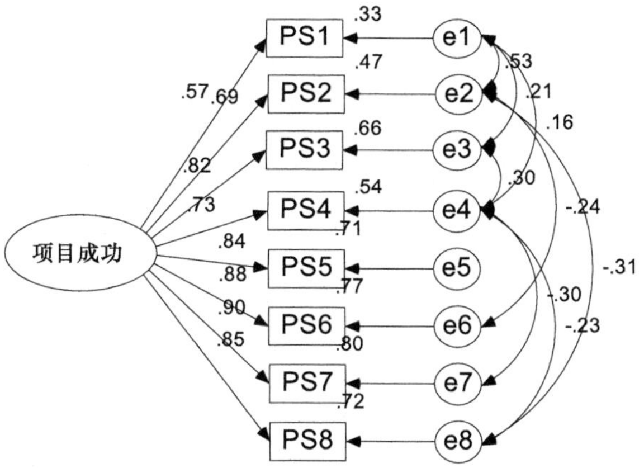

图 7-11　项目成功测量模型的 CFA 分析

表 7–15　项目成功的测量模型参数估计表

潜变量	测量条款	标准化系数（*R*）	*t* 值	R^2	*CR*	*AVE*
项目成功	PS1	0.571	—	0.326	0.929	0.625
	PS2	0.689	11.575***	0.474		
	PS3	0.815	10.103***	0.665		
	PS4	0.733	9.187***	0.537		
	PS5	0.843	9.424***	0.711		
	PS6	0.877	9.591***	0.769		
	PS7	0.896	9.721***	0.803		
	PS8	0.847	9.402***	0.717		
拟合优度指数（*P*=0.329）：						
χ^2/d*f*	*GFI*	*AGFI*	*NFI*	*IFI*	*CFI*	*RMSEA*
1.131	0.987	0.960	0.991	0.999	0.999	0.024

注：未列 *t* 值则为固定参数项目；*** 表示 $p < 0.001$。

结果显示，各条款的标准化负荷系数都在 0.5 以上，因子组合信度大于 0.6，说明测量结构的内部一致性较好。*AVE* 大于 0.5，并且各条款的标准化系数都非常显著，因此，因子的收敛效度可以接受。此外，模型的拟合程度良好。χ^2/df 小于 3，$p=0.329 > 0.01$，未达到显著水平，这表明项目成功测量模型的协方差矩阵与实证资料的协方差矩阵相等的假设得到支持，即假设模型图与观察数据相吻合。另外，*GFI*、*AGFI*、*NFI*、*IFI* 和 *CFI* 的值大于 0.9，*RMSEA* 小于 0.08。由上可以看出，模型是有效的。

（2）区分效度分析

对于区分效度，继续通过求得两两因子之间限制模型与未限制模型两者的χ^2值之差，来分析项目成功与治理以及项目治理各测量模型区分效度的检验结果如表 7-16 所示。结果显示，这 7 对配对χ^2值之差均达到显著水平（$p < 0.05$），表明项目成功与治理绩效以及治理治理六个因子之间彼此区分效度良好。

表 7-16　项目治理与项目成功整体模型的区分效度

两两配对因子	未限制模型		限制模型		χ^2值之差及显著性		
	χ^2值	d*f*	χ^2值	d*f*	χ^2值之差	d*f*	*P* 值
政府监管—项目成功	287.572	76	337.481	77	***	1	0.000
政府协调—项目成功	241.649	53	294.99	54	***	1	0.000
风险分担—项目成功	353.649	64	406.122	65	***	1	0.000
收益分配—项目成功	264.023	53	344.165	54	***	1	0.000
关系维护—项目成功	458.609	103	519.150	104	***	1	0.000
文化建设—项目成功	203.496	43	244.156	44	***	1	0.000
治理绩效—项目成功	399.373	64	451.290	65	***	1	0.000

注：*** 表示 $p < 0.001$。

7.4　理论模型拟合及路径分析

本章采用 AMOS 软件作为分析工具，构建模型的样本量为 235 个。关于结构方程模型中样本量大小的合适，目前学者们还未达成一致意见，很多文献的说法不一，甚至存在矛盾。本书采用侯杰泰等（2004）的研究结论，认为大多数模型需要至少 100～200 个样本。如果样本不够大的话，可以为每个因子增加更多的测量指标，每个因子至少保证有 3 个指标为宜。

7.4.1　直接作用下的项目治理机制与项目成功

重大工程项目治理机制对项目成功的影响路径关系模型分析结果如图 7-12 所示，拟合指标如表 7-17 所示。模型的拟合结果显示，χ^2/df=1.710，小于 3，p=0.000，达到了显著性水平，表明本书测量模型的协方差矩阵与实证资料的协方差矩阵之间存在显著性差异，进一步结合其他指标判断拟合程度。观察绝对拟合指标，*GFI*=0.798，*AGFI*=0.756，略低于临界值 0.80；*RMSEA*=0.055

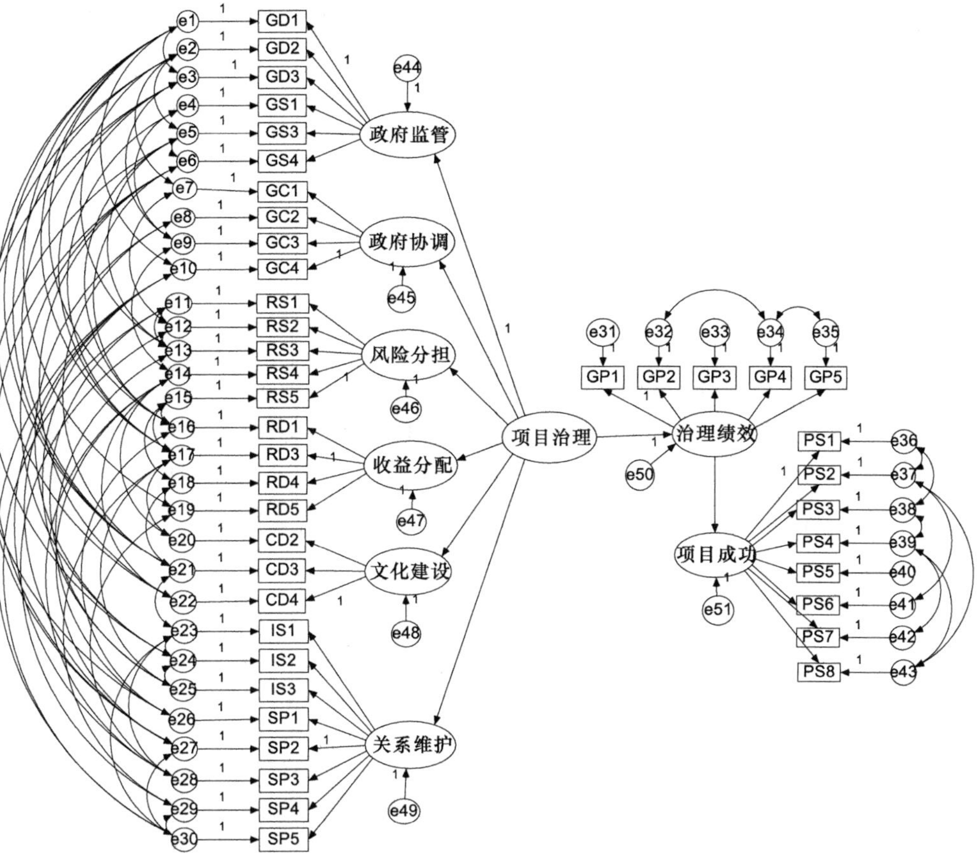

图 7-12　项目治理机制对项目成功的路径关系模型

（< 0.08）。从相对拟合指标来看，*IFI*=0.927，*CFI*=0.926，均大于接受值 0.90；*NFI*=0.841，达到接受值 0.80。由于重大项目的项目治理研究，尚没有成熟的量表所借鉴，本书属于开拓性研究，所使用的测量量表大多是利用已有理论或访谈结果自行设计的量表。因此，根据以上情况，可认为 *GFI* 和 *AGFI* 的值也是可以接受的，总体上理论模型的拟合指标整体尚可。

同时，由分析结果可知，项目治理→治理绩效、治理绩效→项目成功的路径均在 0.001 的水平上具有显著影响，标准化路径系数分别为 0.851、0.791，其临界比值均大于标准值 1.96，说明这些路径系数在 0.001 显著性水平下不等于 0。可以看出，项目治理机制对治理绩效，以及治理绩效对项目成功分别具有直接的正向影响作用。因此，假设 H0、H13 成立。

表 7-17　项目治理机制与项目成功整体结构模型拟合效果相关统计值

假设	路径	非标准化路径系数	标准差 *SE*	临界比 *CR*	标准化系数（*R*）	*P*
H0	项目治理→治理绩效	0.915	0.107	8.548	0.851	***
H10	治理绩效→项目成功	0.762	0.089	8.597	0.791	***
拟合优度：$\chi^2/df=1.710$，*GFI*=0.798，*AGFI*=0.756，*NFI*=0.841，*IFI*=0.927，*CFI*=0.926，*RMSEA*=0.055						

注：*** 表示 $p < 0.001$。

7.4.2　直接作用下的项目治理机制与治理绩效

1. 合同治理机制对治理绩效的影响作用

合同治理机制对治理绩效的直接影响作用模型如图 7-13 所示，拟合指标结果如表 7-18 所示。从表中数值可以发现，所有拟合优度指标都满足标准。同时，合同治理机制→治理绩效的作用路径在 0.001 具有显著性水平，标准化路径系数为 0.771，临界比值大于 1.96，说明路径系数在 0.001 显著性水平下显著不等于 0。即合同治理机制对项目治理绩效产生直接的正向影响作用。因此，假设 H1 成立。

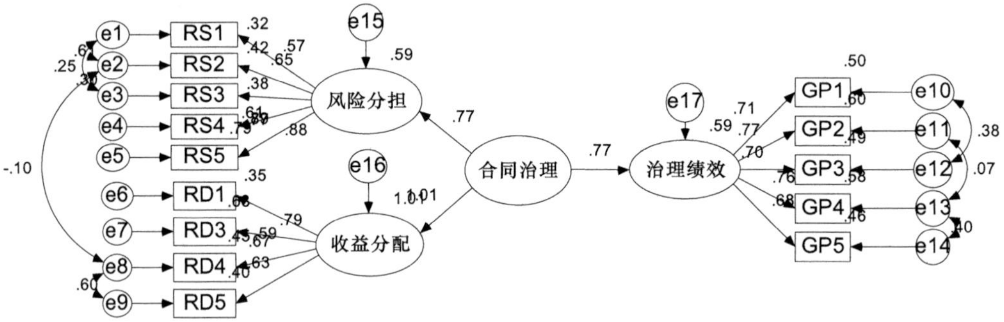

图 7-13　合同治理机制对治理绩效的影响作用模型

表 7-18　合同治理机制与治理绩效整体结构模型拟合效果相关统计值

假设	路径	非标准化路径系数	标准差 *SE*	临界比 *CR*	标准化系数（*R*）	*P*
H1	合同治理→治理绩效	0.456	0.052	8.762	0.771	***
拟合优度：$\chi^2/df=2.270$，*GFI*=0.922，*AGFI*=0.876，*NFI*=0.924，*IFI*=0.956，*CFI*=0.955，*RMSEA*=0.074						

注：*** 表示 $p < 0.001$。

进一步分析合同治理机制中的风险分担与收益分配分别对治理绩效的影响作用路径。模型构建如图 7-14 所示，拟合指标见表 7-19 所示。从表中数值可见，所有拟合优度指标都满足标准。同时，收益分配→治理绩效的路径在 0.001 水平存在显著影响，标准化路径系数为 0.792，临界比值大于 1.96，说明路径系数在 0.001 显著性水平下显著不等于 0。即收益分配对治理绩效产生直接的正向影响作用。因此，假设 H1b 成立。但风险分担→治理绩效的路径在 0.05 的水平上不存在显著影响，即风险分担对治理绩效不产生直接的正向影响作用。因此，假设 H1a 不成立。

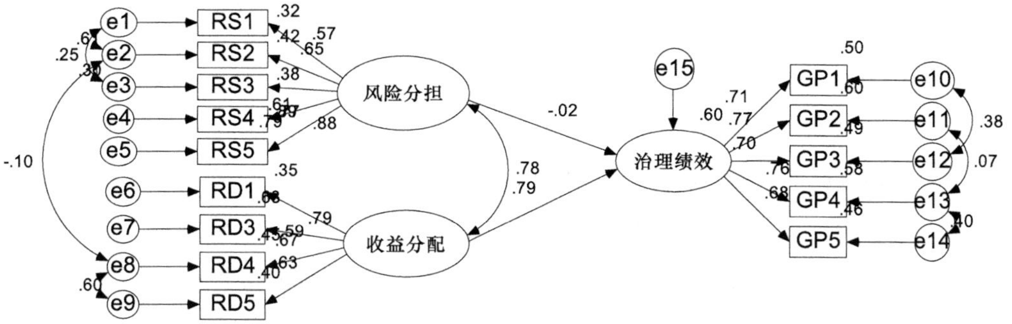

图 7-14　合同治理机制分维度对治理绩效的影响作用模型

表 7–19　合同治理机制分维度与治理绩效整体结构模型拟合效果相关统计值

假设	路径	非标准化路径系数	标准差 *SE*	临界比 *CR*	标准化系数（*R*）	*P*
H1a	风险分担→治理绩效	-0.012	0.085	-0.147	-0.020	—
H1b	收益分配→治理绩效	0.646	0.140	4.623	0.792	***
拟合优度：χ^2/df =2.270，*GFI*=0.922，*AGFI*=0.876，*NFI*=0.924，*IFI*=0.956，*CFI*=0.955，*RMSEA*=0.074						

注：*** 表示 $p < 0.001$。

2. 关系治理机制对治理绩效的影响作用

关系治理机制对治理绩效直接作用的模型构建如图 7-15 所示，拟合指标如表 7-20 所示。从表中数值可以看出，关系治理机制对治理绩效模型的所有拟合优度指标都满足标准。同时，关系治理→治理绩效的路径在 0.001 水平存在显著影响，标准化路径系数为 0.841，相应的临界比值均大于 1.96，说明路径系数在 0.001 的显著性水平下显著不等于 0。即合同治理机制对治理绩效产生直接的正向影响作用。因此，假设 H2 成立。

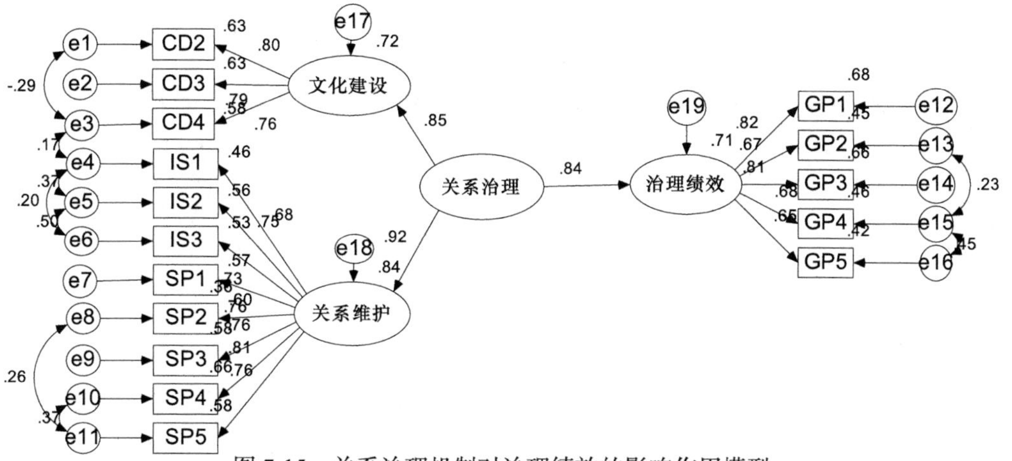

图 7-15　关系治理机制对治理绩效的影响作用模型

表 7–20　关系治理机制与治理绩效整体结构模型拟合效果相关统计值

假设	路径	非标准化路径系数	标准差 *SE*	临界比 *CR*	标准化系数（*R*）	*P*
H2	关系治理→治理绩效	0.802	0.089	8.992	0.841	***
拟合优度：χ^2/df =1.936，*GFI*=0.913，*AGFI*=0.872，*NFI*=0.926，*IFI*=0.963，*CFI*=0.962，*RMSEA*=0.063						

注：*** 表示 $p < 0.001$。

进一步分析直接作用下的关系治理机制的文化建设与关系维护对治理绩效的影响作用。模型构建如图 7-16 所示，拟合指标分析结果如表 7-21 所示。从表中数值可以看出，所有拟合优度指标都满足标准。同时，关系维护→治理绩效的路径在 0.001 的水平上存在显著影响，标准化路径系数为 0.542，临界比值大于 1.96，说明这些路径系数在 0.001 显著性水平下显著不等 0；文化建设→治理绩效的路径在 0.01 水平上存在显著影响，标准化路径系数为 0.293，临界比值均大于 1.96，说明路径系数在 0.01 的显著性水平下显著不等 0。即文化建设与关系维护对治理绩效均产生直接的正向影响作用。因此，假设 H2a 和 H2b 成立。

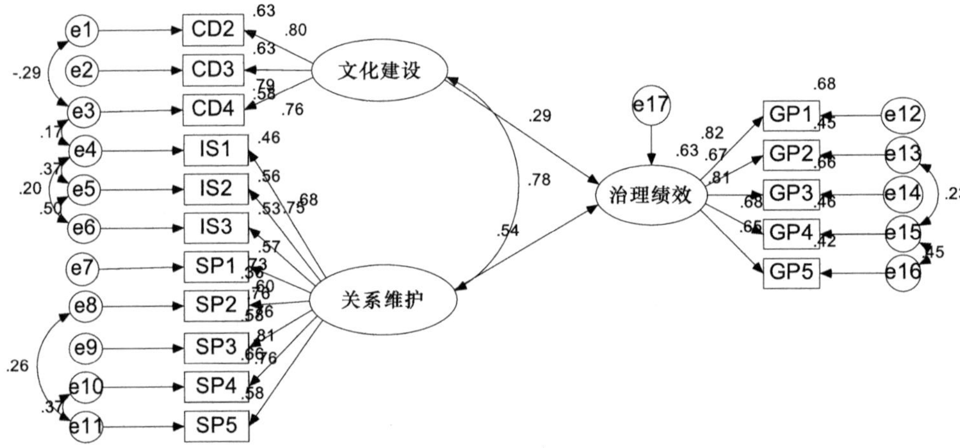

图 7-16　关系治理分维度对治理绩效的影响作用模型

表 7–21　关系治理分维度与治理绩效整体结构模型拟合效果相关统计值

假设	路径	非标准化路径系数	标准差 *SE*	临界比 *CR*	标准化系数（*R*）	*P*
H2a	关系维护→治理绩效	0.529	0.107	4.938	0.542	***
H2b	文化建设→治理绩效	0.238	0.087	2.730	0.293	**
拟合优度：χ^2/df =1.936，*GFI*=0.913，*AGFI*=0.872，*NFI*=0.926，*IFI*=0.963，*CFI*=0.962，*RMSEA*=0.063						

注：*** 表示 $p < 0.001$，** 表示 $p < 0.01$。

3. 行政治理机制对治理绩效的影响作用

行政治理机制对治理绩效直接作用的模型如图 7-17 所示，拟合指标如表 7-22 所示。从表中数值可见，所有拟合优度指标都满足标准。同时，行政治理→治理绩效的路径在 0.001 水平存在显著影响，标准化路径系数为 0.734，临界比值大于 1.96，说明路径系数在 0.001 的显著性水平下显著不等于 0。即行政治理机制对治理绩效产生直接的正向影响作用。因此，假设 H3 成立。

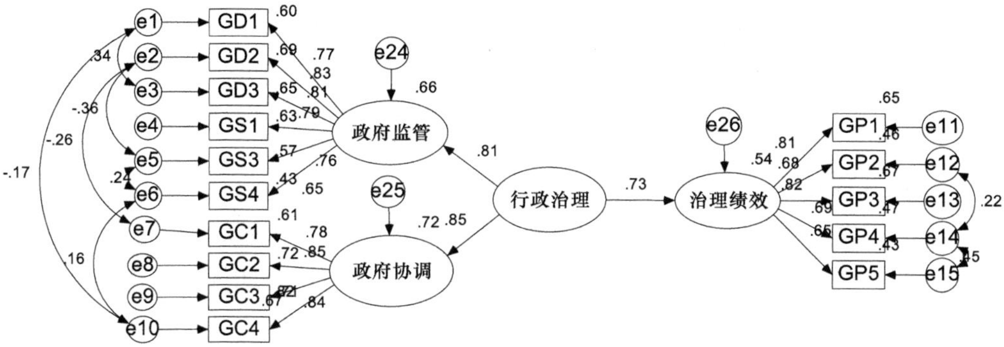

图 7-17　行政治理机制对治理绩效的影响作用模型

表 7-22　行政治理机制与治理绩效整体结构模型拟合效果相关统计值

假设	路径	非标准化路径系数	标准差 *SE*	临界比 *CR*	标准化系数（*R*）	*P*
H3	行政治理→治理绩效	0.677	0.089	7.637	0.734	***
拟合优度：χ^2/df =1.669，*GFI*=0.931，*AGFI*=0.895，*NFI*=0.942，*IFI*=0.976，*CFI*=0.976，*RMSEA*=0.053						

注：*** 表示 $p < 0.001$。

进一步分析行政治理机制中政府监管与政府协调分别对治理绩效的影响作用。模型构建如图 7-18 所示，拟合指标分析结果如表 7-23 所示。从表中数值可以看出，所有拟合优度指标都满足标准。同时，政府监管→治理绩效和政府协调→治理绩效的路径均在 0.001 的水平上存在显著影响，标准化路径系数分别为 0.318 和 0.404，相应的临界比值均大于 1.96，说明这些路径系数在 0.001 的显著性水平下显著不等 0。即政府监管与政府协调对治理绩效均产生直接的正向影响

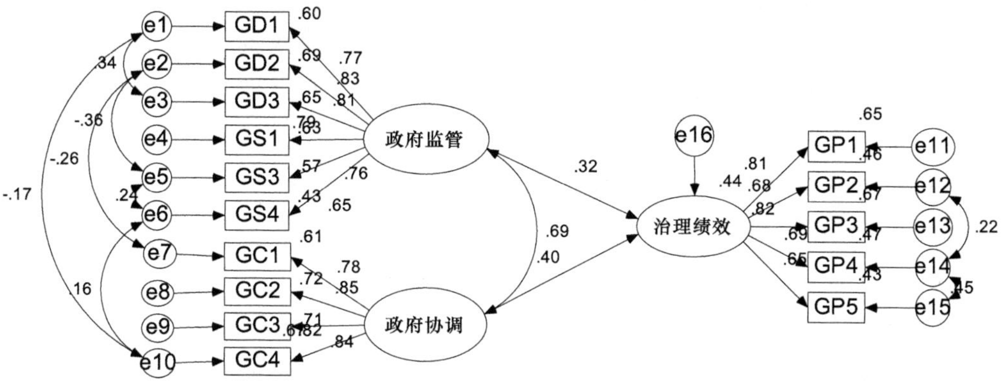

图 7-18　行政治理机制分维度对治理绩效的影响作用模型

作用。因此，假设 H3a 和 H3b 成立。

表 7–23　行政治理机制分维度与治理绩效整体结构模型拟合效果相关统计值

假设	路径	非标准化路径系数	标准差 *SE*	临界比 *CR*	标准化系数（*R*）	*P*
H3a	政府监管→治理绩效	0.238	0.069	3.428	0.318	***
H3b	政府协调→治理绩效	0.328	0.076	4.292	0.404	***
拟合优度：χ^2/df =1.669，*GFI*=0.931，*AGFI*=0.895，*NFI*=0.942，*IFI*=0.976，*CFI*=0.976，*RMSEA*=0.053						

注：*** 表示 $p < 0.001$。

7.4.3　中介作用下的项目治理机制与治理绩效

为了探索重大工程项目治理具体机制通过其他机制对治理绩效产生的影响作用，采用结构方程模型进行中介效应验证。具体验证方法说明如下：假设自变量用 X 表示，中介变量用 M 表示，因变量用 Y 表示。建立以 X 为外源潜变量，M 和 Y 为内生潜变量的结构方程模型，从而得到各项达到标准值的拟合指标。基于建立的模型，采用目前使用较广泛的中介效应检验程序——逐步检验法（causal steps approach）进行中介作用检验（温忠麟等，2004），具体步骤如下：

第一步，判断总效应系数 c 是否达到显著性水平，即自变量与因变量是否存在显著相关。如果 c 显著，则进一步进行后面的步骤；如果存在不显著相关，则停止分析。

第二步，判断自变量作用于中介变量的效应 a 是否达到显著性水平；如果 a 显著则进一步分析，否则停止分析，说明不存在中介效应。

第三步，判断中介变量作用于因变量的效应 b 是否达到显著性水平；如果 b 显著则进一步分析，否则停止分析，说明不存在中介效应。

第四步，判断直接效应 c' 是否显著。在 a 和 b 都达到显著性水平的情况下，如果 c' 不显著说明是完全中介，否则为部分中介效应。

如果检验结果存在显著的中介效应，要进一步判断是完全中介效应还是部分中介效应。如果存在完全中介效应，则说明自变量 X 对因变量 Y 的影响完全是通过中介变量 M 起作用，表示 X 对 Y 没有直接影响。如果存在部分中介效应，则说明自变量 X 对因变量 Y 的影响有一部分是通过中介变量 M 起作用，进而可以进一步计算中介效应占总效应的比例 $a/(c'+a*b)$，如图 7-19 所示。

1. 行政治理机制通过合同治理机制对治理绩效的影响作用

行政治理通过合同治理对治理绩效的影响作用模型构建如图 7-20 所示，拟合分析结果如表 7-24 所示。从表中数值可以看出，所有拟合优度指标都满足标准。

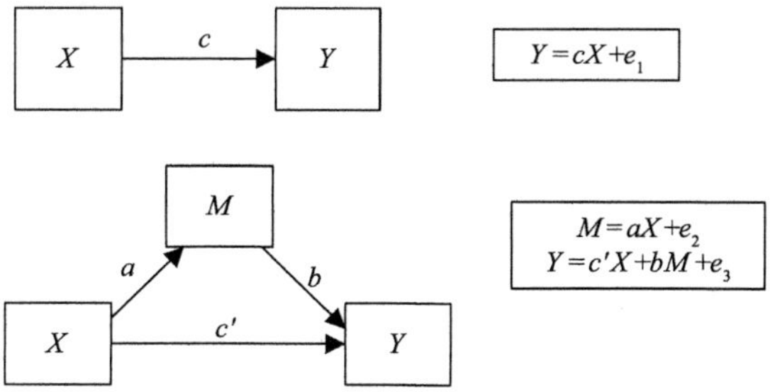

图 7-19 中介作用示意图

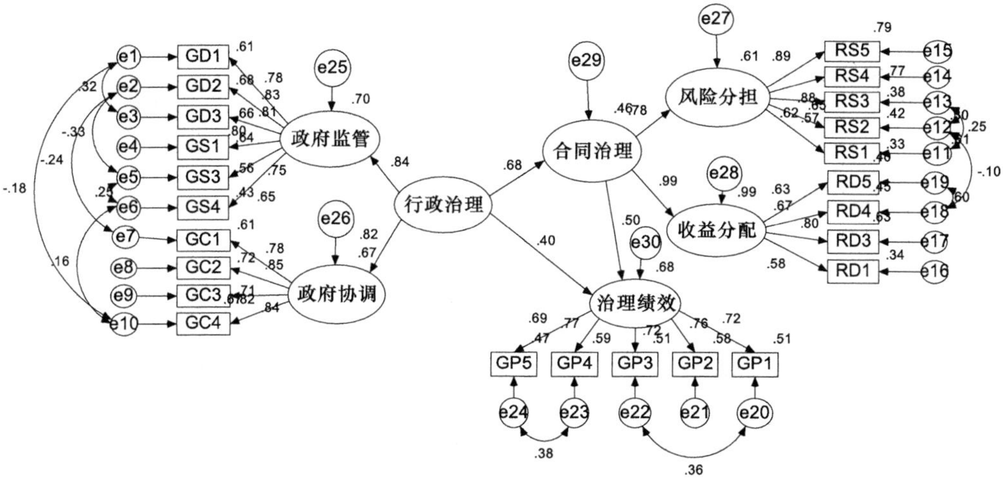

图 7-20 行政治理—合同治理—治理绩效的一阶因子影响作用模型

表 7-24 行政治理—合同治理—治理绩效的结构模型拟合效果相关统计值

路径	非标准化路径系数	标准差 *SE*	临界比 *CR*	标准化系数（*R*）	*P*	中介效应比
行政治理→合同治理	0.631	0.104	6.053	0.675	***	—
行政治理→治理绩效	0.316	0.084	3.765	0.402	***	—
合同治理→治理绩效	0.420	0.099	4.235	0.499	***	—
行政治理→合同治理→治理绩效	—	—	—	—	—	91.36%
拟合优度：χ^2/df =1.843，*GFI*=0.871，*AGFI*=0.833，*NFI*=0.889，*IFI*=0.946，*CFI*=0.945，*RMSEA*=0.060						

注：*** 表示 $p<0.001$。

行政治理→合同治理、行政治理→治理绩效和合同治理→治理绩效的路径系数均达到显著性水平，因此，说明合同治理机制存在中介作用，中介效应为 0.337，中介效应占总效应的比例为 91.36%，假设 H4 成立。

2. 合同治理机制通过行政治理机制对治理绩效的影响作用

合同治理通过行政治理对治理绩效的影响作用模型构建如图 7-21 所示，拟合指标如表 7-25 所示。从表中数值可以看出，所有拟合优度指标都满足标准。合同治理→行政治理、合同治理→治理绩效和行政治理→治理绩效的路径系数均达到显著性水平，因此，说明行政治理机制存在中介作用，其中介效应为 0.271，中介效应占总效应的比例为 87.62%，假设 H5 成立。

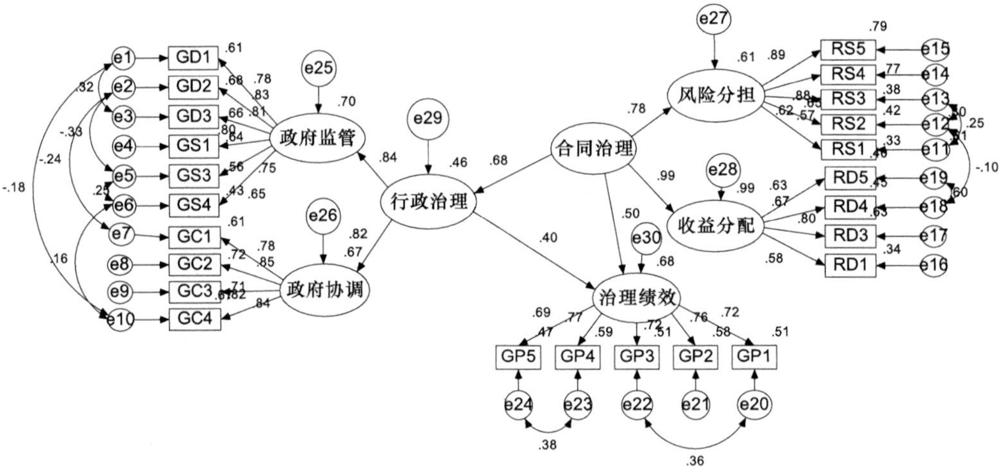

图 7-21　合同治理—行政治理—治理绩效的一阶因子影响作用模型

表 7–25　合同治理—行政治理—治理绩效的结构模型拟合效果相关统计值

路径	非标准化路径系数	标准差 *SE*	临界比 *CR*	标准化系数（*R*）	*P*	中介效应比
合同治理→行政治理	0.723	0.122	5.928	0.675	***	—
合同治理→治理绩效	0.420	0.099	4.235	0.499	***	—
行政治理→治理绩效	0.316	0.084	3.765	0.402	***	—
合同治理→行政治理→治理绩效	—	—	—	—	—	87.62%
拟合优度：χ^2/df =1.843，*GFI*=0.871，*AGFI*=0.833，*NFI*=0.889，*IFI*=0.946，*CFI*=0.945，*RMSEA*=0.060						

注：*** 表示 $p < 0.001$。

3. 行政治理机制通过关系治理机制对治理绩效的影响作用

行政治理机制通过关系治理机制对治理绩效的影响作用模型构建如图 7-22 所示，拟合分析结果如表 7-26 所示。从表中数值可以看出，所有拟合优度指标都满足标准。行政治理→关系治理和关系治理→治理绩效的路径系数均达到显著性水平，但行政治理→治理绩效的路径系数不显著，因此，说明关系治理机制存在完全中介作用，即行政治理机制对治理绩效的影响作用完全通过中介变量——关系治理起作用，此时行政治理机制对治理绩效不存在直接影响作用，假设 H6 成立。

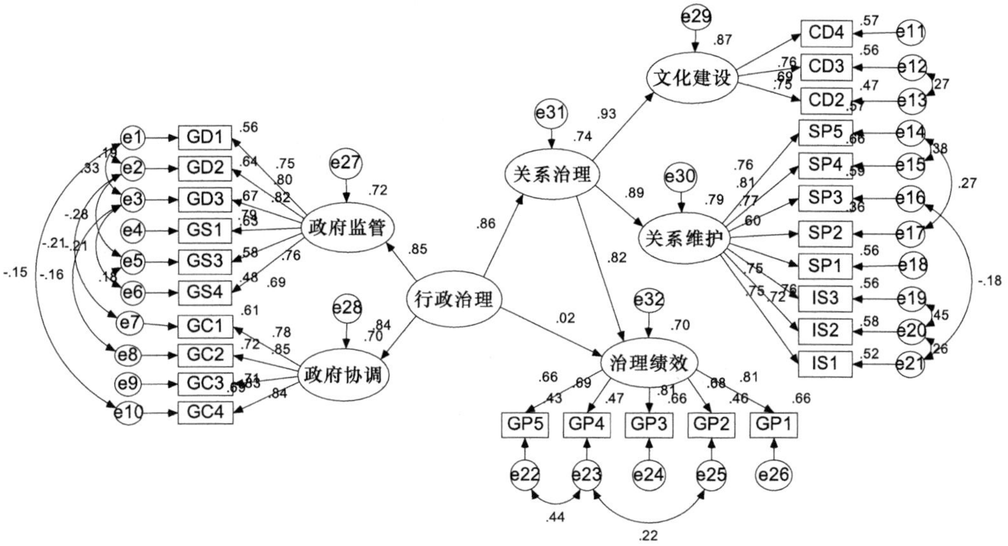

图 7-22　行政治理 - 关系治理 - 治理绩效的一阶因子影响作用模型

表 7–26　行政治理—关系治理—治理绩效的结构模型拟合效果相关统计值

路径	非标准化路径系数	标准差 *SE*	临界比 *CR*	标准化系数（*R*）	*P*	中介效应比
行政治理→关系治理	0.919	0.115	7.972	0.863	***	—
行政治理→治理绩效	0.014	0.172	0.084	0.016	—	—
关系治理→治理绩效	0.716	0.173	4.145	0.825	***	—
行政治理→关系治理→治理绩效	—	—	—	—	—	完全中介
拟合优度：χ^2/df =1.771，*GFI*=0.865，*AGFI*=0.828，*NFI*=0.888，*IFI*=0.948，*CFI*=0.948，*RMSEA*=0.057						

注：*** 表示 $p < 0.001$。

4. 关系治理机制通过行政治理机制对治理绩效的影响作用

关系治理通过行政治理对治理绩效的影响作用模型构建如图 7-23 所示，拟合分析结果如表 7-27 所示。从表中数值可以看出，所有拟合优度指标都满足标准。关系治理→行政治理、关系治理→治理绩效的路径系数均达到显著性水平，但行政治理→治理绩效的路径系数不显著，因此，说明行政治理机制存在中介作用，假设 H7 不成立。

5. 关系治理机制通过合同治理机制对治理绩效的影响作用

关系治理机制通过合同治理机制对治理绩效的影响作用模型如图 7-24 所示，拟合分析结果如表 7-28 所示。从表中数值可以看出，所有拟合优度指标都满足标准。关系治理→合同治理、关系治理→治理绩效的路径系数均达到显著性水平，但合同治理→治理绩效的路径系数不显著，因此，合同治理机制不存在中介作用，假设 H8 不成立。

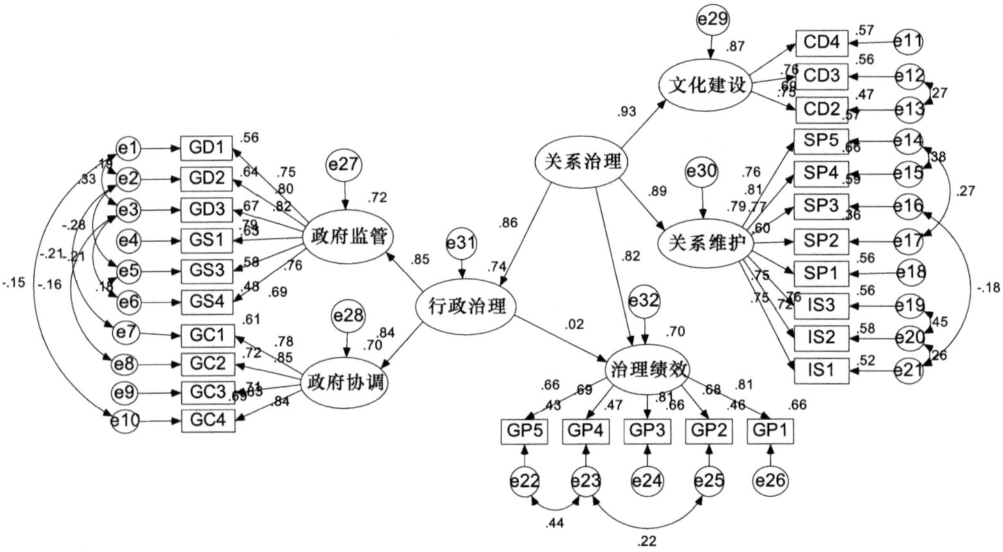

图 7-23　关系治理—行政治理—治理绩效的一阶因子影响作用模型

表 7–27　关系治理—行政治理—治理绩效的结构模型拟合效果相关统计值

路径	非标准化路径系数	标准差 *SE*	临界比 *CR*	标准化系数（*R*）	*P*	中介效应比
关系治理→行政治理	0.810	0.099	8.160	0.863	***	—
关系治理→治理绩效	0.716	0.173	4.145	0.825	***	—
行政治理→治理绩效	0.014	0.172	0.084	0.016	—	—
关系治理→行政治理→治理绩效	—	—	—	—	—	—
拟合优度：χ^2/df =1.771，*GFI*=0.865，*AGFI*=0.828，*NFI*=0.888，*IFI*=0.948，*CFI*=0.948，*RMSEA*=0.057						

注：*** 表示 $p < 0.001$。

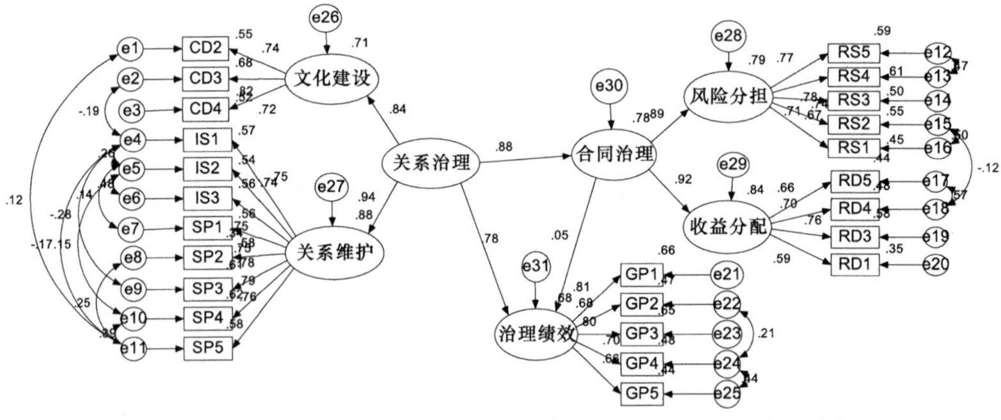

图 7-24　关系治理—合同治理—治理绩效的一阶因子影响作用模型

表 7–28　关系治理—合同治理—治理绩效的结构模型拟合效果相关统计值

路径	非标准化路径系数	标准差 *SE*	临界比 *CR*	标准化系数（*R*）	*P*	中介效应比
关系治理→合同治理	0.872	0.128	6.832	0.882	***	—
关系治理→治理绩效	0.782	0.219	3.565	0.775	***	—
合同治理→治理绩效	0.055	0.212	0.257	0.053	—	—
关系治理→合同治理→治理绩效	—	—	—	—	—	—
拟合优度：χ^2/df =2.002，*GFI*=0.855，*AGFI*=0.812，*NFI*=0.876，*IFI*=0.934，*CFI*=0.933，*RMSEA*=0.065						

注：*** 表示 $p < 0.001$。

6. 合同治理机制通过关系治理机制对治理绩效的影响作用

合同治理机制通过关系治理机制对治理绩效的影响作用模型如图 7-25 所示，拟合分析结果如表 7-29 所示。从表中数值可以看出，所有拟合优度指标都满足标准。合同治理→关系治理和关系治理→治理绩效的路径系数均达到显著性水平，但合同治理→治理绩效的路径系数不显著，因此，说明关系治理机制存在完全中介作用，即合同治理对治理绩效的影响完全通过中介变量—关系治理起作用，此时合同治理对治理绩效不存在直接影响，假设 H9 成立。

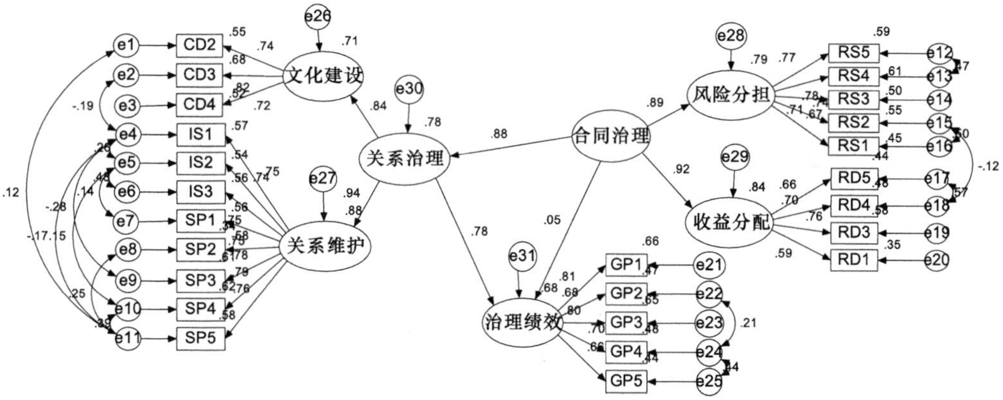

图 7-25　合同治理 - 关系治理 - 治理绩效的一阶因子影响作用模型

表 7–29　合同治理 – 关系治理 – 治理绩效的结构模型拟合效果相关统计值

路径	非标准化路径系数	标准差 *SE*	临界比 *CR*	标准化系数（*R*）	*P*	中介效应比
合同治理→关系治理	0.892	0.134	6.641	0.882	***	—
合同治理→治理绩效	0.055	0.212	0.257	0.053	—	—
关系治理→治理绩效	0.782	0.219	3.565	0.775	***	—
合同治理→关系治理→治理绩效	—	—	—	—	—	完全中介
拟合优度：χ^2/df =2.002，*GFI*=0.855，*AGFI*=0.812，*NFI*=0.876，*IFI*=0.934，*CFI*=0.933，*RMSEA*=0.065						

注：*** 表示 $p < 0.001$。

7.4.4 双重中介作用下的项目治理机制与治理绩效

1. 行政治理机制通过合同治理和关系治理机制对治理绩效的影响作用

行政治理机制通过合同治理机制和关系治理对治理绩效的影响作用模型如图 7-26 所示，拟合分析结果如表 7-30 所示。从表中数值可以看出，所有拟合优度指标都满足标准。行政治理→合同治理、行政治理→关系治理均达到显著性水平，但行政治理→治理绩效，合同治理→治理绩效，关系治理→治理绩效的路径系数均不显著，因此，说明合同治理和关系治理机制的共同中介作用不成立，假设 H10 不成立。

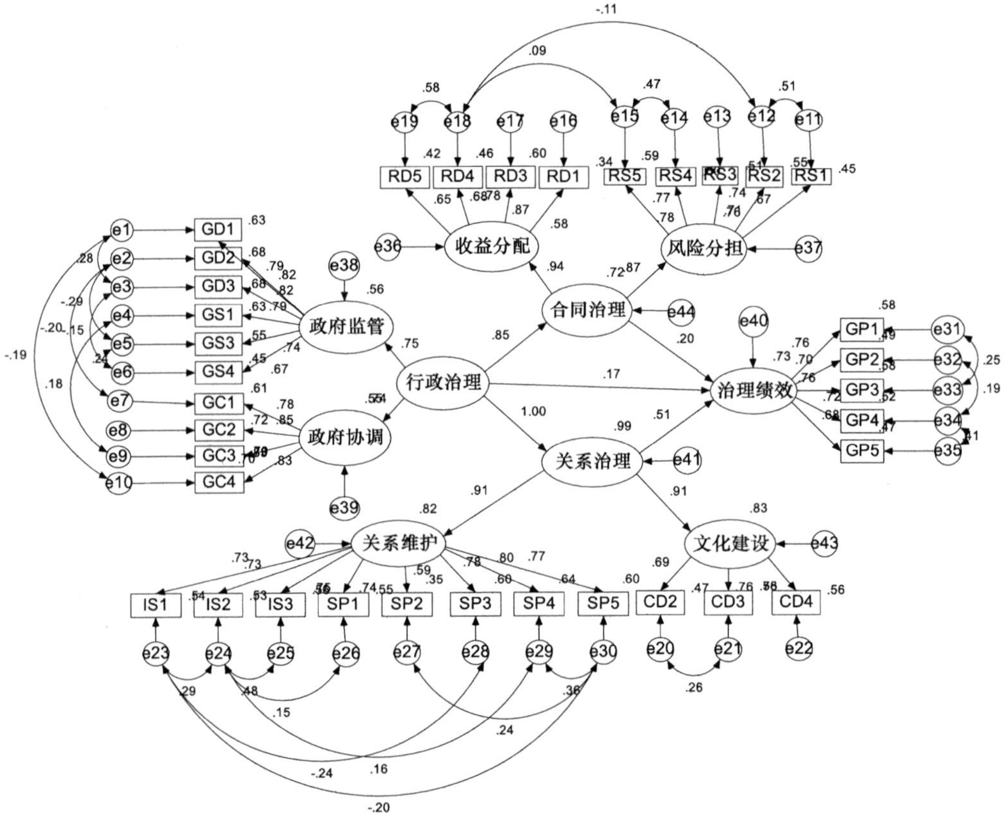

图 7-26 行政治理—合同治理 / 关系治理—治理绩效的双重中介作用模型

表 7–30 行政治理—合同治理 / 关系治理—治理绩效的结构模型拟合效果相关统计值

路径	非标准化路径系数	标准差 *SE*	临界比 *CR*	标准化系数（R）	*P*	中介效应比
行政治理→治理绩效	0.157	4.617	0.034	0.171	—	—
行政治理→合同治理	0.825	0.121	6.793	0.846	***	—
合同治理→治理绩效	0.186	0.163	1.145	0.197	—	—

续表

路径	非标准化路径系数	标准差 *SE*	临界比 *CR*	标准化系数（R）	*P*	中介效应比
行政治理→关系治理	1.095	0.131	8.378	0.995	***	—
关系治理→治理绩效	0.431	4.130	0.104	0.514	—	—
行政治理→合同治理 / 关系治理→治理绩效	—	—	—	—	—	—
拟合优度：$\chi^2/df=1.875$，$GFI=0.811$，$AGFI=0.773$，$NFI=0.841$，$IFI=0.919$，$CFI=0.918$，$RMSEA=0.061$						

注：*** 表示 $p<0.001$。

2. 合同治理机制通过行政治理和关系治理机制对治理绩效的影响作用

合同治理机制通过行政治理机制和关系治理对治理绩效的影响作用模型构建如图 7-27 所示，拟合分析结果如表 7-31 所示。从表中数值可以看出，所有拟合优度指标都满足标准。合同治理→行政治理、行政治理→治理绩效和合同治理→关系治理均达到显著性水平，但合同治理→治理绩效，关系治理→治理绩效的路

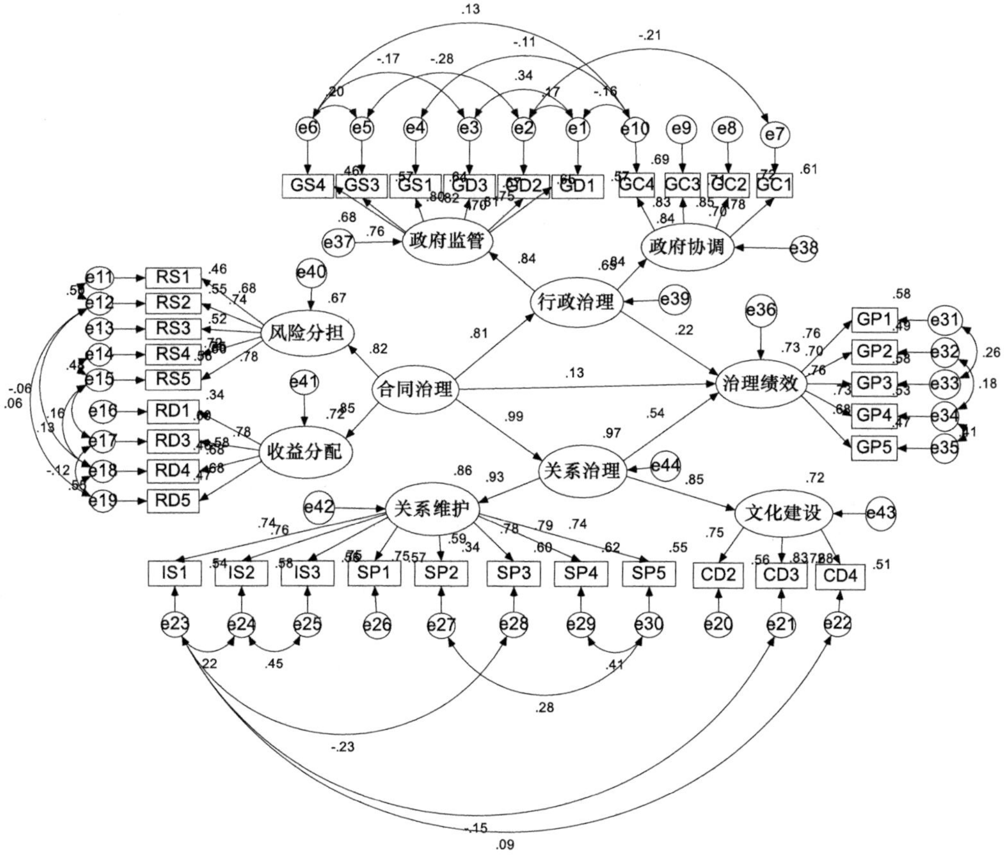

图 7-27　合同治理—行政治理 / 关系治理—治理绩效的双重中介作用模型

径系数未达到显著性水平，因此，说明行政治理和关系治理机制的共同中介作用不成立，假设 H11 不成立。

表 7-31 合同治理—行政治理 / 关系治理—治理绩效的结构模型拟合效果相关统计值

路径	非标准化路径系数	标准差 SE	临界比 CR	标准化系数（R）	P	中介效应比
合同治理→治理绩效	0.083	0.956	0.087	0.131	—	—
合同治理→行政治理	0.589	0.066	8.905	0.806	***	—
行政治理→治理绩效	0.189	0.120	1.578	0.218	***	—
合同治理→关系治理	0.662	0.068	9.797	0.985	***	—
关系治理→治理绩效	0.510	1.373	0.371	0.540	—	—
合同治理→行政治理 / 关系治理→治理绩效	—	—	—	—	—	—
拟合优度：χ^2/df =1.883，*GFI*=0.812，*AGFI*=0.773，*NFI*=0.841，*IFI*=0.919，*CFI*=0.918，*RMSEA*=0.061						

注：*** 表示 $p < 0.001$。

3. 关系治理机制通过合同治理和行政治理机制对治理绩效的影响作用

关系治理通过合同治理和行政治理机制对治理绩效的影响作用模型如图 7-28 所示，拟合分析结果如表 7-32 所示。从表中数值可以看出，所有拟合优度指标

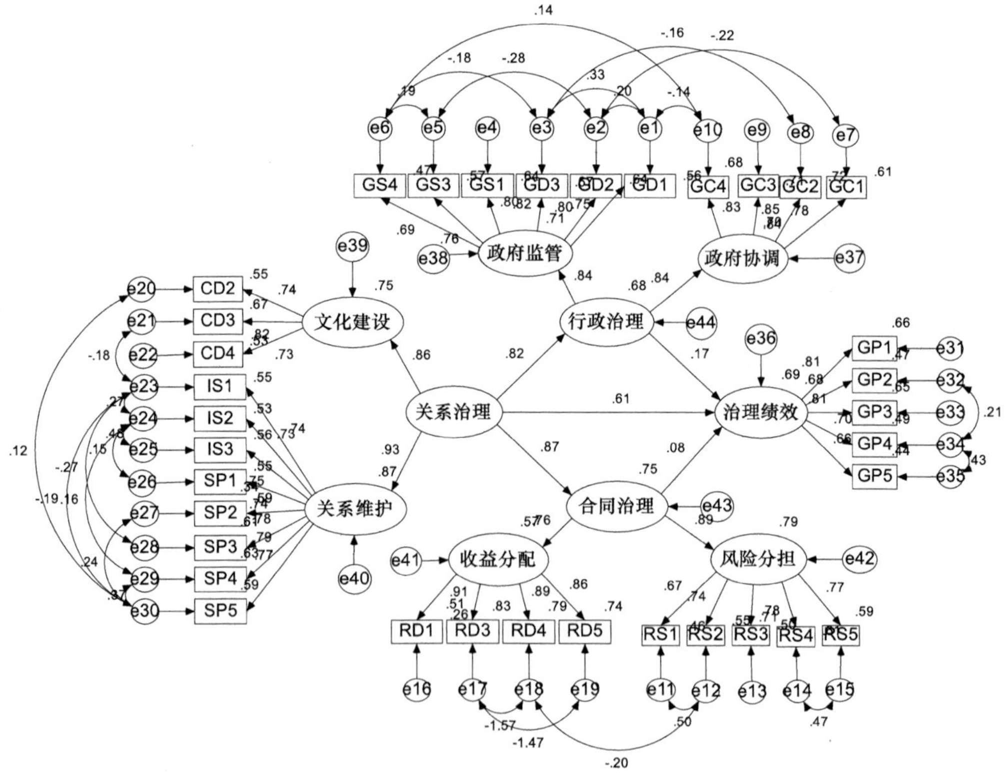

图 7-28 关系治理—合同治理 / 行政治理—治理绩效的双重中介作用模型

都满足标准。关系治理→治理绩效，关系治理→行政治理和关系治理→合同治理均达到显著性水平，但行政治理→治理绩效，合同治理→治理绩效的路径系数未达到显著性水平，因此，说明合同治理和行政治理机制的共同中介作用不成立，假设 H12 不成立。

表 7-32 关系治理—合同治理 / 行政治理—治理绩效的结构模型拟合效果相关统计值

路径	非标准化路径系数	标准差 *SE*	临界比 *CR*	标准化系数（*R*）	*P*	中介效应比
关系治理→治理绩效	0.588	0.221	2.655	0.607	**	—
关系治理→行政治理	0.860	0.112	7.708	0.822	***	—
行政治理→治理绩效	0.161	0.124	1.300	0.174	—	—
关系治理→合同治理	0.934	0.113	8.277	0.866	***	—
合同治理→治理绩效	0.075	0.151	0.496	0.083	—	—
关系治理→合同治理 / 行政治理→治理绩效	—	—	—	—	—	—
拟合优度：χ^2/df =1.838，*GFI*=0.816，*AGFI*=0.779，*NFI*=0.845，*IFI*=0.923，*CFI*=0.922，*RMSEA*=0.060						

注：*** 表示 $p < 0.001$，** 表示 $p < 0.01$。

7.5 结果与讨论

7.5.1 研究假设结果汇总

假设检验的相关实证分析结果显示，本书所提出的研究假设大部分获得了支持，实现了研究目标。现将所有假设检验结果汇总如表 7-33 所示。同时，可以根据研究结果得到如图 7-29 所示的修正模型。由汇总表结果可见，本书所提出的 20 个假设中，共有 14 个假设成立，6 个假设未得到样本数据的支持。

表 7-33 研究假设检验结果汇总

编号	假设内容	检验结果
第一组假设：直接作用下的项目治理机制与项目治理绩效		
H0	项目治理对治理绩效存在正向影响作用	成立
H1	合同治理机制对治理绩效存在正向影响作用	成立
H1a	风险分担对治理绩效存在正向影响作用	不成立
H1b	收益分配对治理绩效存在正向影响作用	成立
H2	关系治理机制对治理绩效存在正向影响作用	成立
H2a	关系维护对治理绩效存在正向影响作用	成立
H2b	文化建设对治理绩效存在正向影响作用	成立
H3	行政治理机制对治理绩效存在正向影响作用	成立
H3a	政府监管对治理绩效存在正向影响作用	成立
H3b	政府协调对治理绩效存在正向影响作用	成立

续表

编号	假设内容	检验结果
第二组假设：中介作用下的项目治理机制与项目治理绩效		
H4	行政治理机制通过合同治理机制对治理绩效存在正向影响作用	成立
H5	合同治理机制通过行政治理机制对治理绩效存在正向影响作用	成立
H6	行政治理机制通过关系治理机制对治理绩效存在正向影响作用	成立
H7	关系治理机制通过行政治理机制对治理绩效存在正向影响作用	不成立
H8	关系治理机制通过合同治理机制对治理绩效存在正向影响作用	不成立
H9	合同治理机制通过关系治理机制对治理绩效存在正向影响作用	成立
第三组假设：双重中介作用下的项目治理机制与项目治理绩效		
H10	行政治理机制通过合同治理和关系治理机制对治理绩效存在正向影响作用	不成立
H11	合同治理机制通过行政治理和关系治理机制对治理绩效存在正向影响作用	不成立
H12	关系治理机制通过合同治理和行政治理机制对治理绩效存在正向影响作用	不成立
第四组假设：直接作用下的项目治理绩效与项目成功		
H13	治理绩效对项目成功存在正向影响作用	成立

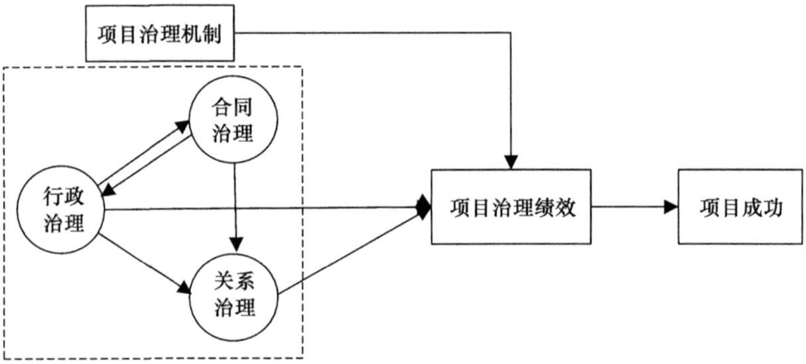

图 7-29　重大项目治理机制及其绩效的修正模型

7.5.2　结果分析与讨论

1. 项目治理机制的内容结构体系

基于二阶因子结构模型检验，验证了重大工程项目治理机制的构成维度，包括风险分担、收益分配、关系维护、文化建设、政府监管、政府协调。即合同治理机制包括风险分担和收益分配，关系治理机制包括关系维护和文化建设，行政治理机制包括政府监管和政府协调。

2. 项目治理机制对治理绩效的影响作用

本书利用结构方程模型 SEM 对重大工程项目治理机制与项目治理绩效的影响关系进行了检验，研究结果表明，项目治理机制对治理绩效存在直接的显著的正向影响作用，标准路径系数为 0.851。研究结果与已有文献研究结果一致。

3. 合同治理机制对项目治理绩效的影响作用

合同治理机制对治理绩效的影响作用主要体现在以下方面：合同治理机制不单对治理绩效存在直接影响作用，而且还通过关系治理和行政治理的中介作用产生间接影响作用。

（1）合同治理机制对治理绩效的直接影响作用

本书利用结构方程模型对合同治理机制与项目治理绩效的直接影响关系进行了检验，研究结果表明，合同治理机制对治理绩效存在直接的显著的正向影响作用，标准路径系数为 0.771。其中，收益分配机制的标准化路径系数分别为 0.792，对治理绩效具有直接的显著的正向影响；风险分担机制对治理绩效不具有显著影响作用。该研究结果证明了在重大工程项目的建设合作中，正式合同发挥的沟通、控制、激励等治理效果，因而，对治理绩效存在显著的直接影响作用。该结论与交易费用理论中“假设交易各方都具有机会主义倾向，那么在合作之初签订的合同将是影响交易绩效的根本因素（Williamson，1991）”结论相符合。

（2）合同治理机制通过关系治理机制对治理绩效的间接影响作用

合同治理机制、关系治理机制、项目治理绩效的影响作用如表 7-31 所示。可以看出，合同治理机制既存在对治理绩效有直接影响作用，还通过关系治理机制的中介作用对治理绩效存在间接影响作用。同时，合同治理机制对治理绩效的间接影响效应强于直接影响效应。研究结果表明，关系治理有利于合同治理机制的实施，从而提升项目治理绩效。访谈提道：“合约治理和关系治理这两种都存在，最后肯定会有正向促进作用。首先，合约即合同，是制度性的，是必须做的；关系是属于软性的，是实施起来弹性比较大的……关系治理，就是为了推进项目进行，为了改善一个更和谐、更融洽的工作环境，从而使我们的合约、使我们的工程目标推进得更加顺利。”

表 7–31　合同治理机制、关系治理机制、项目治理绩效的影响效应

<table>
<tr><th>路径</th><th>直接效应</th><th>间接效应</th><th>总效应</th></tr>
<tr><td>合同治理机制→关系治理机制</td><td>0.882</td><td>—</td><td>0.882</td></tr>
<tr><td>关系治理机制→项目治理绩效</td><td>0.775</td><td>—</td><td>0.775</td></tr>
<tr><td rowspan="2">合同治理机制→项目治理绩效</td><td>0.053</td><td>—</td><td rowspan="2">0.737</td></tr>
<tr><td>—</td><td>0.684</td></tr>
</table>

（3）合同治理机制通过行政治理机制对治理绩效的间接影响作用

合同治理机制、行政治理机制、项目治理绩效的影响作用如表 7-32 所示。

可以看出，合同治理机制既存在对治理绩效存在直接影响效应，且通过行政治理机制的中介对治理绩效存在间接影响效应。同时，合同治理机制对项目治理绩效的直接影响效应强于间接影响效应。研究结果表明，行政治理有利于合同治理机制的实施，从而提升项目治理绩效。与访谈结果一致："行政治理通过政府出面协调，是解决困难最终拍板的决策者。就是市场不能决断的情况，就由政府来决断。从这个方面来说，政府的优势还是很明显的。它没有那么多扯皮的事情，浪费那么多时间在里面。"

表 7–32　合同治理、行政治理与治理绩效的影响效应结果

<table>
<tr><th>路径</th><th>直接效应</th><th>间接效应</th><th>总效应</th></tr>
<tr><td>合同治理机制→行政治理机制</td><td>0.675</td><td>—</td><td>0.675</td></tr>
<tr><td>行政治理机制→项目治理绩效</td><td>0.402</td><td>—</td><td>0.402</td></tr>
<tr><td rowspan="2">合同治理机制→项目治理绩效</td><td>0.499</td><td>—</td><td rowspan="2">0.770</td></tr>
<tr><td>—</td><td>0.271</td></tr>
</table>

4. 关系治理机制对治理绩效的影响作用

本书利用结构方程模型 SEM 对关系治理机制与治理绩效的影响作用进行了检验，研究结果表明，关系治理机制对治理绩效存在直接的显著的正向影响作用，标准路径系数为 0.841。其中，关系维护机制和文化建设机制的标准化路径系数分别为 0.542 和 0.293，对项目治理绩效都具有直接的显著的正向影响。

可以看出，类似于其他交易关系，在重大工程项目的治理过程中同样存在着正式的合同理机制和非正式的关系治理机制。关系治理有利于促进合同治理和行政治理，正如访谈所言，"关系治理就是使建设有利，更加有利地推进项目实施"。重大工程项目的关系治理机制中，一方面，通过关系维护如文艺表演、聚餐等非正式沟通渠道来提升治理绩效；另一方面，通过文化建设活动来提升项目治理绩效，如劳动竞赛、社区共建、党员先锋队等都是重大工程建设中常用的文化建设方法，对项目绩效的提升起到了很大的作用。

5. 行政治理机制对治理绩效的影响作用

行政治理机制对治理绩效的影响作用主要体现在以下方面：行政治理机制不仅对治理绩效存在直接影响作用，而且通过合同治理机制和关系治理机制对治理绩效存在间接影响作用。

（1）行政治理机制对治理绩效的直接作用

本书利用结构方程模型 SEM 对行政治理机制对治理绩效的影响作用进行了检验，研究结果表明，行政治理机制对治理绩效存在直接的显著的正向影响作用，标准路径系数为 0.734。其中，政府监管机制和政府协调机制的标准化路径系数分别为 0.318 和 0.404，对项目治理绩效均具有直接的显著的正向影响。研究结果与专家访谈结果一致："行政指令总体还是积极的，比如合同机制和关系治理机制无法解决的时候，行政就可以解决。因为最终为了达到共赢，实现大家都满意的目的比较困难。这个阶段如果有行政指令存在，大家都必须完成，所以必须克服一切困难。"

（2）行政治理机制通过合同治理机制对治理绩效的间接作用

行政治理机制、合同治理机制、项目治理绩效的影响作用如表 7-33 所示。可以看出，行政治理机制不仅对治理绩效存在直接影响作用，且通过合同治理机制间接影响项目治理绩效。同时，行政治理机制对治理绩效的直接影响效应比间接影响效应强。研究结果表明，行政治理通过合同治理机制对项目治理绩效起到正向作用。从政府角度看，适当的规制制定能够提升合作的效率，并确保资源的最优化与更广泛的政策目标如社会政策、环境保护等相符合；从项目其他参与方角度看，规制有利于保护合同条款，防止政府侵占，并保证其获得的合法收益与承担的风险相匹配（Pongsiri，2002）。因此，重大工程项目强调合同治理机制的重要性。

表 7–33　行政治理机制、合同治理机制和治理绩效的影响效应分析

<table>
<tr><th>路径</th><th>直接效应</th><th>间接效应</th><th>总效应</th></tr>
<tr><td>行政治理机制→合同治理机制</td><td>0.675</td><td>—</td><td>0.675</td></tr>
<tr><td>合同治理机制→项目治理绩效</td><td>0.499</td><td>—</td><td>0.499</td></tr>
<tr><td rowspan="2">行政治理机制→项目治理绩效</td><td>0.402</td><td>—</td><td rowspan="2">0.739</td></tr>
<tr><td>—</td><td>0.337</td></tr>
</table>

（3）行政治理机制通过关系治理机制对治理绩效的间接作用

行政治理机制、关系治理机制、项目治理绩效的影响作用如表 7-34 所示。可以看出，行政治理机制不仅对治理绩效存在直接影响作用，且通过关系治理机制对治理绩效存在间接影响作用。同时，行政治理机制对治理绩效的直接影响效应比间接影响效应弱。研究结果表明，行政治理也需要通过关系治理的手段来达到。正如专家访谈提道："行政指令其实对于我们其他各方来讲，那就是合同，也视同合同。这里指的是除合同外临时出现的情况，就是比如建设方资金紧张，不能按时付款，所以你要和施工单位协商，你要和颜悦色地协商，你不能强行地说就不给钱。"

表 7–34　行政治理机制、关系治理机制和治理绩效的影响效应分析

路径	直接效应	间接效应	总效应
行政治理机制→关系治理机制	0.863	—	0.863
关系治理机制→项目治理绩效	0.825	—	0.825
行政治理机制→项目治理绩效	0.016	—	0.728
	—	0.712	

6. 行政治理、关系治理与合同治理机制的互动关系

合同治理、关系治理以及行政治理机制与治理绩效之间关系的实证研究，一定程度上反映出单一治理机制不完备治理的特征（Heide，2003）。在以政府为主导作用下的重大工程项目，各参与方之间除了合同治理和关系治理外，行政治理机制发挥了重要作用。与访谈结果一致："三个都有，最基础的还是契约，其他都是辅助的"；"合同治理是基础，关系治理是辅助，行政治理最重要"。

在重大工程项目中，首先，合同治理机制仍然是最重要、最基本的治理手段；应加强正式的合同治理作用，从而通过合同治理机制直接地实现资源配置。其次，要注重关系治理机制的中介作用；关系治理机制不仅可以在存在冲突和不可预见情况对合同条款起到辅助补充作用（Pietroforte，1997），也能够通过良好合作关系促进合同治理机制和行政治理机制的实施。再次，要重视行政治理机制的"垂直治理效果"；行政治理机制的政府监管和政府协调机制有利于促进重大工程项目实施和顺利完成。这些与专家访谈的结果一致："在保障项目有序开展的前提下，合同治理是最有效的，但是在解决突击的问题下或者达成目标下，行政治理是最有效的，而关系治理是合同治理和行政治理的润滑剂。"

7. 项目治理绩效对项目成功的影响作用

重大工程项目治理绩效对项目成功有显著的直接的正向影响，其标准化路径系数为 0.791。因此，重大工程项目可以通过项目治理机制提高项目治理绩效，从而实现项目成功。

7.6　本章小结

本章基于问卷调研数据，采用结构方程模型对各量表进行了信度和效度检验，并据此就重大工程项目治理机制对治理绩效、项目成功的影响作用提出的研究假设进行了检验。从总体上来看，合同治理、关系治理和行政治理机制对治理绩效

均存在直接的正向影响作用，治理绩效对项目成功存在直接的正向影响作用。同时，关系治理机制作为中介变量，使得合同治理机制和行政治理机制对治理绩效存在间接正向影响作用，且相比较于关系治理机制对治理绩效的直接正向影响作用，这种间接影响作用更强；行政治理机制作为中介变量，使得合同治理机制也对治理绩效存在间接正向影响作用，且相比较于合同治理机制对治理绩效的直接正向影响作用，这种间接影响作用更弱；合同治理机制作为中介变量，使得行政治理机制对治理绩效也存在间接正向影响作用，且相比较于行政治理机制对项目治理绩效的直接正向影响作用，这种间接影响作用要弱。通过系统揭示重大工程项目治理机制的整合及其对治理绩效和项目成功的影响机理，可以为重大工程项目提升治理绩效和实现项目成功提供借鉴和参考。

第 8 章　研究结论与展望

8.1　研究结论

基于项目治理理论的最新发展视角，通过对我国六个典型重大工程中行政治理机制 229 条事例的聚类分析以及来自实践界 8 位专家非结构化访谈，采用基于扎根理论的质性研究方法，本书探索性地研究了行政治理机制的构成维度，并对合同治理机制和关系治理机制的内容进行了重大工程情境下的优化研究，从而构建了重大工程项目治理机制框架（CG，RG，AG）；在此基础上，通过对我国重大工程项目 235 名项目管理人员的调查，采用因子分析、SEM 等数据分析方法，刻画了重大工程项目的情境依赖性和量化特征，识别并验证了项目治理机制的框架及其对项目治理绩效及项目成功的影响机理。主要研究结论如下：

1. 重大工程项目治理机制是由合同治理、关系治理和行政治理共同构成的统一体

研究结论认为，重大工程项目治理机制是由合同治理机制、关系治理机制和行政治理机制三个维度共同构成。合同治理机制是指在重大工程项目各组织内外部建立的一种各主体权限明确、分工协作的责权利关系，通常通过一系列正式的制度安排，如，签订合同以及相关法律法规来体现；关系治理机制是指广泛存在于项目各参与方之间的非正式、不成文但影响组织行为的规范，如，建立良好的工作关系和私人关系，通过良好的沟通建立信任、促进合作等，这些规范同样具有治理的功能；行政治理机制是政府对重大项目的建设推进所开展的积极管控行为与机制。

（1）合同治理机制的内容结构

本书基于内容分析和专家访谈对现有合同治理机制进行了优化分析，形成了 3 种机制包括风险分担机制、收益分配机制、问责机制，然后采用因子分析最终识别出合同治理机制包括风险分担机制、收益分配机制两个维度。

（2）关系治理机制的内容结构

本书基于内容分析和专家访谈对现有关系治理机制进行了优化研究，最终形

成了三种机制，即信息共享，共同解决问题和文化建设维度。然后采用因子分析识别出关系治理机制的两个维度包括关系维护机制和文化建设机制。

（3）行政治理机制的内容结构

采用扎根理论的质性研究，梳理出重大工程项目行政治理机制包括政府决策机制、政府监督机制和政府协调机制。本书还通过因子分析将重大工程项目行政治理机制划分为两个维度即政府监管机制和政府协调机制。

2. 受访者特征和项目特征在项目治理机制各维度存在显著性差异

通过均值差异性检验法，本书分析了不同受访者特征包括性别、年龄、教育背景、工作年限、项目职位以及项目特征包括项目类型、参与阶段、项目投资、项目工期、单位角色在项目治理机制各维度的差异性特征。研究结果表明，除了受访者的性别、参与年限、参与阶段、项目投资、单位角色在项目治理各维度均不存在显著差异外，其余各变量如受访者的不同年龄、教育背景、项目职位、项目类型及项目工期都在项目治理各维度存在显著差异。具体表现为，不同年龄的受访者对重大工程项目合同治理机制的感知存在显著差异；不同教育背景的受访者对关系治理机制的感知存在显著差异；不同项目职位的受访者对重大工程合同治理机制和行政治理机制的感知均有显著差异；不同项目类型对重大工程项目的行政治理机制的感知存在显著差异；不同项目工期对重大工程项目的行政治理机制的感知存在显著差异。

3. 重大工程项目治理的直接产出是项目治理绩效，进而影响项目成功

有效的项目治理机制安排及其实施，可以对重大工程项目参与方起到激励、约束和规范作用，从而促使其最大限度的实现项目目标、减少冲突，进而降低交易费用。合理的制度安排及其有效的实施会形成项目运行的微观制度效率，即治理绩效。基于项目治理提供的制度框架，通过实施具体的项目管理活动，可以促进重大工程项目的成功实施。

4. 重大工程项目合同治理、关系治理与行政治理机制共同作用于治理绩效

（1）合同治理机制对治理绩效存在直接影响效应和间接影响效应

合同治理机制对治理绩效的影响作用可以通过三条路径来实现，即“合同治理机制—治理绩效”的直接影响作用路径和“合同治理机制—关系治理机制—治理绩效”以及“合同治理机制—行政治理机制—治理绩效”的间接影响作用路径，三条路径共同构成合同治理机制对治理绩效的影响作用机理。直接影响路径中，合同治理机制对项目治理绩效的具有直接的显著的正向影响，标准路径系数

为 0.771。其中，收益分配机制的标准化路径系数分别为 0.792，对项目治理绩效具有直接的显著的正向影响；而风险分担机制对项目治理绩效不具有显著影响作用。间接影响路径中，合同治理机制可以通过关系治理机制和行政治理机制更好地实现项目治理绩效。

（2）关系治理机制对治理绩效存在直接影响效应

通过重大工程项目治理机制对治理绩效影响的实证研究发现，关系治理机制对治理绩效只存在直接影响作用。关系治理机制对项目治理绩效具有直接的显著的正向影响，标准路径系数为 0.841。其中，关系维护机制和文化建设机制的标准化路径系数分别为 0.542 和 0.293，均对项目治理绩效都具有直接的显著的正向影响。重大工程项目的关系治理机制中，一方面，可以通过关系维护机制，如文艺表演、聚餐等非正式沟通渠道来提升项目治理绩效；另一方面，通过文化建设活动来提升项目治理绩效，如劳动竞赛、社区共建、党员先锋队等都是重大工程建设中常用的文化建设方法。

（3）行政治理机制对治理绩效存在直接影响效应和间接影响效应

行政治理机制对治理绩效的影响作用可以通过三条路径来实现，即“行政治理机制—治理绩效”的直接影响作用路径和“行政治理机制—合同治理机制—治理绩效”以及“行政治理机制—关系治理机制—治理绩效”的间接影响作用路径，三条路径共同构成行政治理机制对治理绩效的影响机制。直接影响路径中，行政治理机制对项目治理绩效的具有直接的显著的正向影响，标准路径系数为 0.734。其中，政府监管机制和政府协调机制的标准化路径系数分别为 0.318 和 0.404，对项目治理绩效均具有直接的显著的正向影响。间接影响路径中，行政治理机制可以通过合同治理机制和关系治理机制更好地实现治理绩效。

（4）合同治理、关系治理与行政治理之间是相互补充关系

通过“合同治理机制—项目治理绩效”“关系治理机制—项目治理绩效”“行政治理机制—项目治理绩效”等直接影响作用和“合同治理机制—关系治理机制—项目治理绩效”“合同治理机制—行政治理机制—项目治理绩效”“行政治理机制—合同治理机制—项目治理绩效”“行政治理机制—关系治理机制—项目治理绩效”等间接影响作用的治理机理路径可以看出，在重大工程项目这类参与方众多的临时性契约组织中，合同治理、关系治理和行政治理均对项目治理绩效起到了正向促进作用，三者起到了相互补充的作用。

8.2 展望

本书尝试对中国重大工程项目治理机制框架及其对项目成功的影响机理进行了研究并得出了一些结论，但由于时间和作者能力水平有限，所获得的研究结果也存有若干局限和不足，主要体现在以下两个方面：

1. 关于重大工程项目行政治理机制的探索性研究

其一，本书对于重大工程项目的行政治理机制的质性研究是基于六大项目案例和半结构化访谈资料梳理得出。尽管案例的选择具有一定代表性，且在访谈对象的选择上设置了严格的标准，但不能直接就断定所收集的定性数据是完备的，得出的结论就完全准确。因此，对于重大工程项目行政治理机制的构成要素，还需要不断进行验证。其二，本书探讨了行政治理机制对治理绩效和项目成功的正向影响作用，但未对行政治理机制的负面影响作用进行深入分析。有关文献表明，政府对重大工程治理存在“越位现象”与“异化行为”，因此下一步开展行政治理机制的负面影响研究也是非常有价值的。其三，行政治理机制因其具有中国项目特殊情境保证了本书的创新和特色，但也因其只适用于中国情境，研究结论不能完全得到推广。

2. 关于合同治理机制、关系治理机制与行政治理机制的作用关系

虽然本书较系统地展示了重大工程项目合同治理机制、关系治理机制和行政治理机制之间存在互补关系，但这种展示是基于整个项目治理全寿命期“扫描式”的粗略展示。然而，在整个重大工程项目全寿命期的不同阶段，合同治理机制、关系治理机制和行政治理机制的组合策略应当有所差异。例如，对于重大工程项目而言，在项目实施初期，应该着重于强调合同治理，因为项目各参与方之间的关系不太成熟，难以迅速进行有效沟通并进行充分合作；而在项目实施过程中，应该更注重关系治理机制的作用，因为项目各参与方之间通过较长时间的接触与互动形成了信任和默契；而对于项目实施后期，可能需要利用行政治理手段推进项目按时完工。因此，未来的研究可采用动态治理理论进行进一步的深入分析。

综上，在充分认识到本书存在的种种局限与不足的同时，本书建议对重大工程项目治理领域的后续研究可以聚焦于重大工程项目治理策略选择匹配研究。在以后的研究中，可以基于合同治理、关系治理和行政治理的互补关系，进一步更细致地探讨三者的非线性动态互动关系，从而构建重大工程项目治理策略的选择匹配模型，使得重大工程项目治理理论可以具备更广阔的实践价值。

附　录

附录 1　国内项目治理研究文献计量研究

附表 1-1　文献被引用量与聚类分布

引用量	文献	所在机构	聚类 #
33	严玲，2004，SO，V，P	天津理工大学管理学院	0
25	丁荣贵，2006，SO，V，P	山东大学管理学院	2
12	刘兴智，2009，SO，V，P	山东大学管理学院	1
10	尹贻林，2004，SO，V，P	天津理工大学管理学院， 天津大学管理与经济学部	0
9	严敏，2006，SO，V，P	天津大学管理学院	0
8	谷晓芬，2015，SO，V，P	南京信息工程大学经济管理学院	7
8	彭本红，2015，SO，V，P	南京信息工程大学经济管理学院	7
8	邓娇娇，2012，SO，V，P	天津大学管理与经济学部	0
7	孙涛，2008，SO，V，P	山东大学管理学院	2
7	王彦伟，2009，SO，V，P	山东大学管理学院	1

附表 1-2　项目治理研究的六大关键词聚类

Cluster ID	Size	Silhouette	Label（TFIDF）	Label（LLR）	Label（MI）	mean（Citee Year）
0	28	0.877	（14.04）“项目管理”	“代建项目”	“代建项目”“代建管理”“风险控制”“项目管理”“项目治理”“工程管理”“风险承担”“选择问题”“建设项目”“管理职能”	2010
1	27	0.844	（15.65）“选择方式”	“项目治理”	政府投资项目代建人问责机制研究——基于项目治理与项目管理绩效双向互动的分析	2009
2	20	0.907	（15.65）“关系风险”	“建设项目治理”	“建设项目治理”“治理模式分类”“概念模型”“设计交易”	2011
3	20	0.977	（17.87）“组织战略”	“项目治理”	“项目管理”“项目治理”“企业中层”“项目型”“基层人员”“项目化管理”“人力资源部”“项目目标”“一个问题”“基层管理人员”	2006
4	19	0.794	（17.24）“基本建设领域”	“项目治理”	“项目治理”“项目管理研究”“委托代理”“公共项目”“投资项目管理”“理论与实践”“我国政府投资”“施工承包商”“投资效率”“监理单位”	2007
5	19	0.921	（13.23）“公司治理”	“公司治理”	基于利益相关者理论的工程项目治理机制研究	2009

附表 1–3 项目治理研究领域关键词共现网络的关键词中心性排序列表

序号	关键词	中心度	年份	聚类 cluster #
1	项目治理	0.71	2004	1
2	项目管理	0.34	2006	0
3	政府投资项目	0.18	2006	7
4	利益相关者	0.17	2004	6
5	治理结构	0.16	2004	5
6	项目目标	0.14	2005	3
7	委托代理	0.08	2006	0
8	工程管理	0.08	2006	1
9	社会网络分析	0.07	2011	2
10	项目治理结构	0.07	2006	8

附图 1-1 作者机构合作网络图

附图 1-2　作者合作网络图谱

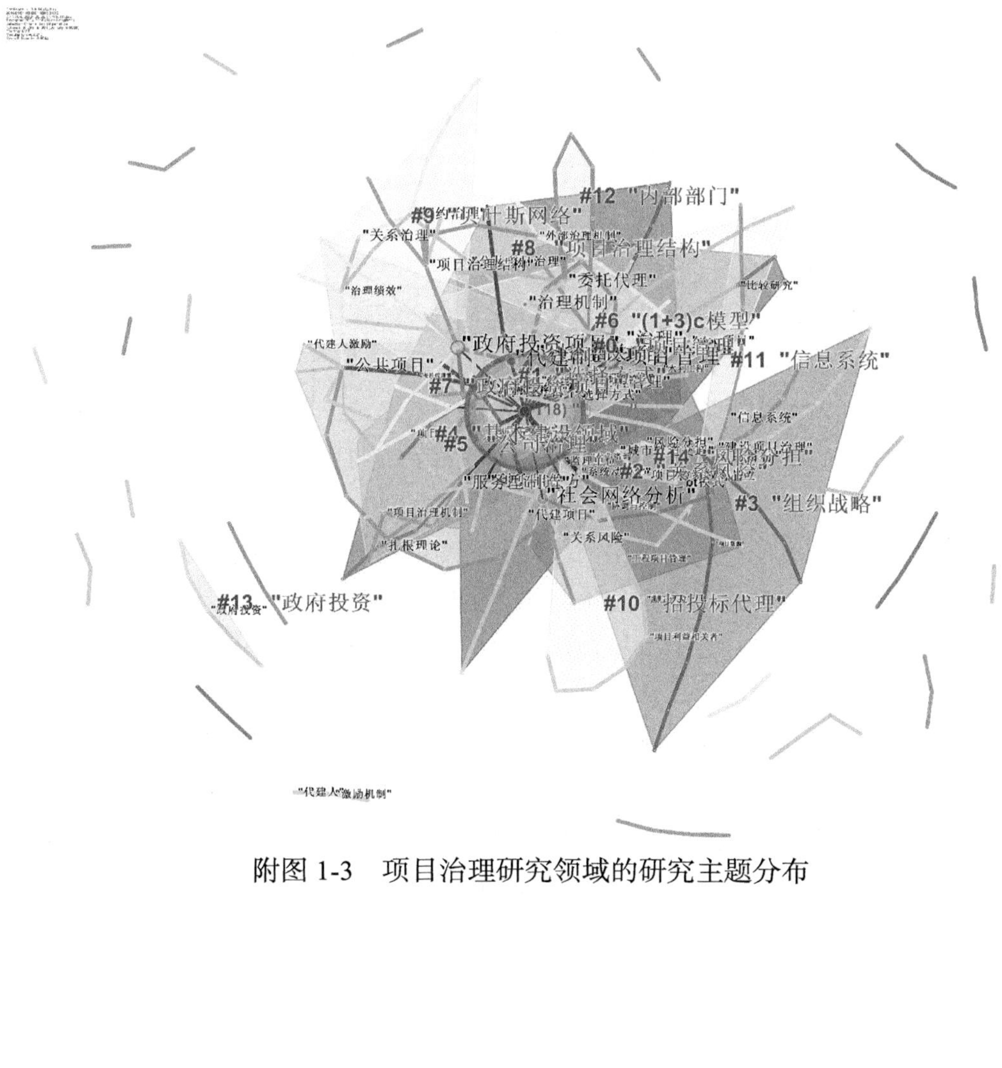

附图 1-3　项目治理研究领域的研究主题分布

附录 2　重大工程项目治理机制访谈方案

访谈说明：

项目是由业主单位、设计单位、施工单位和监理单位等众多参与方组成的临时性组织，这个临时性组织的绩效受到参与方过往经验和未来期望的影响。在项目这个临时性组织内部，项目参与方的短期目标和长期目标可能会相互冲突，它们还可能和项目本身的目标相互冲突。因此，对于重大基础设施工程的业主方而言，协调项目参与各方的利益以使得他们产生合作、避免冲突，面向共同目标开展工作是十分重要的。为此而设置的由各方共同遵守的各种有形或者无形的协调、控制和保证机制，被称为“项目治理机制”。

文献研究表明，项目治理机制设置的合理与否，显著影响项目的绩效。当前，国际主流项目管理期刊中有关项目治理研究的文献表明，业主方主要通过两类机制进行治理：即“合约治理机制”和“关系治理机制”。合约治理机制是指业主通过硬性的明文约定的方式，对设计单位、施工单位等供应商的行为进行协调、控制和约束的行为和措施，如签订严密的事无巨细的承包合同，合理地分担风险等；关系治理机制则是指业主通过相当软性的、非明文约定的方式，对设计单位、施工单位等供应商的行为进行协调、控制和约束的行为和措施，如建立良好的工作关系和私人关系，通过良好的沟通建立信任、促进合作等。具体到我国重大基础设施工程情境下，项目治理机制所包含的内容框架，及其对项目成功的影响机理，尚待进一步研究讨论。本书研究的目的在于通过访谈、问卷以及数据分析，梳理我国重大基础设施工程项目治理机制的内容框架，并通过理论推导构建治理机制对项目成功的影响机理模型，进一步通过实证进行分析，试图从项目治理理论的角度解释我国重大基础设施工程建设取得巨大成就的原因，以及尚存在的问题。进一步提出可供参考的改进建议和途径。

受访者：　　　　　　　　　　公司职位：
访问人：　　　　　　　　　　日期及时间：
地点：　　　　　　　　　　　记录人：
最近参加的重大基础设施工程项目名称：
（请将代表最佳答案前的选项字母或答案填写在横线上）

1. 年龄：________

A）30 岁及以下　　B）31 ~ 40 岁　　C）41 ~ 50 岁
D）51 ~ 60 岁　　E）61 及以上

2. 教育程度：________

A）大专及以下　　B）大学本科　　C）硕士及研究生　　D）博士

3. 专业领域：________（此项可选择一项以上的答案）

A）政府监管　　B）甲方管理　　C）设计及管理
D）施工及管理　　E）工程监理及咨询　　F）科学研究

4. 从事工程建设行业的工作时间（单选）：________

A）1 ~ 5 年　　B）6 ~ 10 年　　C）11 ~ 20 年
D）21 ~ 30 年　　E）31 年及以上

其中参与 巨型建设项目的工作或研究时间（单选）：________

A）1 ~ 5 年　　B）6 ~ 10 年　　C）11 ~ 20 年
D）21 ~ 30 年　　E）31 年及以上

5. 在公司中的岗位（单选）：________

A）基层人员　　B）项目经理　　C）中层领导　　D）高层领导

6. 参与实际重大工程项目的名称（如没有，可不填）

1）________________　　2）________________
3）________________　　4）________________
5）________________　　6）________________
7）________________　　8）________________

（如不够，可在问卷空白处补充）

项目简介：

受访者在项目中担任的岗位：

访谈问题：

1. 在您参与过的我国重大基础设施工程中，有没有上述的项目治理实施机制？这种机制对于各方的协作提升、冲突较少等过程协作有无积极的影响？这些影响是否会最终对项目效率和效能产生促进的作用？

2. 在您参与过的我国重大基础设施工程中，业主方采取过哪些合约治理方面的措施？可否给出具体的例子进行描述？在这些例子中，您认为这些治理措施对协作过程和项目成功产生哪些影响（如合理的风险分担、收益共享、合同的完善程度、合同对项目执行过程中环境变化的适应程度等）？

3. 在您参与过的我国重大基础设施工程中，业主方采取过哪些关系治理方面的措施（如建立企业间的良好关系、企业高层领导者之间的良好私人关系、项目部业主和供应商之间良好工作氛围、畅通的沟通渠道、充分的信息共享、项目合作文化等）？可否给出具体的例子进行描述？在这些例子中，您认为这些治理措施对协作过程和项目成功产生哪些影响？

4. 除了上述合约与关系方面的治理机制，在参与过的我国重大基础设施工程中，您是否认为业主方还通过其他措施（行政指令）来以协调、控制和约束设计方、施工方和监理方等供应商的行为？可否给出具体的例子进行描述？在这些例子中，您认为这些治理措施对协作过程和项目成功产生哪些影响？

5. 您认为，我国现行的政府—市场二元作用环境中，不同项目治理措施的实践有哪些积极价值和阻碍？

6. 您对我们的研究还有什么建议？

附录3　半结构化访谈专家背景信息

专家编号	组织职位	年龄范围	教育程度	专业领域	从事工程建设行业时间	参与重大工程项目时间
1	项目级领导	41~50岁	本科	施工管理	11 ~ 20年	6 ~ 10年
2	中层领导	41~50岁	本科	甲方管理	11 ~ 20年	1 ~ 5年
3	中层领导	31~40岁	本科	甲方管理	11 ~ 20年	11 ~ 20年
4	高层领导	31~40岁	研究生	甲方管理	6 ~ 10年	6 ~ 10年
5	高层领导	41~50岁	研究生	工程监理及咨询	21 ~ 30年	11 ~ 20年
6	项目级领导	51~60岁	本科	工程监理及咨询	21 ~ 30年	11 ~ 20年
7	高层领导	50~60岁	研究生	工程监理及咨询	21 ~ 30年	11 ~ 20年
8	高层领导	50~60岁	研究生	工程监理及咨询	21 ~ 30年	11 ~ 20年

附录 4　重大工程项目治理机制及其绩效调查问卷

问卷编号：

尊敬的专家，

您好！

首先，十分感谢您能在百忙之中抽出时间填写我们的调查问卷。我们是同济大学建设工程管理专业、同济大学复杂工程管理研究院的研究团队。本调研是我们正在开展的国家自然科学基金研究课题“重大基础设施工程的组织行为与模式创新研究”（项目批准号 71390523）的重要组成部分，旨在探索我国重大工程项目治理机制的内容结构体系，并进一步探索它们对项目成功的影响机理。

重大工程是指对所在地区乃至国家的经济、技术、环境及居民生活有重要及广泛影响的建设项目，重大工程一般投资规模较大，建设工期较长，项目建设具有较高的复杂性，参建方众多，且受到政府和社会各界的高度关注。本书所涵盖的重大工程包括，如，三峡工程、京沪高铁工程、南水北调工程等重大基础设施工程；也包括，如，上海世博会建设工程、北京奥运会体育场馆工程等重大城市事件推动的建设工程等。

本书问卷中的问题回答无对错之分，请您选择一个您最近参与过或正在参与的重大工程项目为参照，对项目实际情况进行阐述。本问卷不记名，您提供的一切信息只作为学术研究使用，在整个分析处理过程中均对外保密，请放心填写。

联系人：________________，Email：________________________________。

第一部分：基本信息及项目特征

说明：根据您的实际情况，在其前面的“□”处打“√”。

条款内容	选项
1. 您的性别	□男 □女
2. 您的年龄	□≤ 30 岁 □ 31~40 岁 □ 41~50 岁 □> 50 岁
3. 您的教育背景	□专科及以下 □本科 □硕士 □博士
4. 您参与重大工程建设的工作年限	□ 3 年以下 □ 3~5 年 □ 6~10 年 □ 10 年以上
5. 您在该项目中的职位	□高层管理者 □中层管理者 □中层以下
6. 该项目类型	□政府投资项目 □公私合作项目 □私有项目
7. 您曾参与过该项目的	□前期策划阶段 □设计阶段 □施工阶段 □运营阶段
8. 该项目的总投资额（元）	□< 10 亿 □ 10 亿 ~20 亿 □ 20 亿 ~30 亿 □ 30 亿 ~40 亿 □> 40 亿
9. 该项目的实际工期	□≤ 1 年 □ 2~3 年 □ 4~5 年 □> 5 年
10. 您所在单位在该项目中承担的角色	□业主方（含业主及其委托的工程项目咨询 / 顾问等） □施工方（含施工总包，EPC 总包，专业分包，供货商等） □设计方（含业主委托的设计单位、设计顾问等） □其他

第二部分：项目治理调查

说明：请您针对前面所选定的重大工程项目，根据您的实际经历和切身感受对项目治理情况进行回答，在您认为合适的选项下打“√”。

变量	项目描述	完全不同意	不同意	中立	同意	完全同意
风险分担	合同对于各方的责权利、项目目标的规定是明确的	1	2	3	4	5
	合同对于未来可能出现争议的风险有明确的处理程序和原则	1	2	3	4	5
	合同规定了不可预见事件发生时，各方具体应对措施	1	2	3	4	5
	合同对于争议处理或未约定的事项充分考虑了相关方的利益诉求	1	2	3	4	5
	合同对于争议处理或未约定的事项充分考虑了相关方的责任和权利	1	2	3	4	5
收益分配	合同对提前竣工以及投资节余等设置了相应奖励条款	1	2	3	4	5
	合同对未能有效履行合同的情况设置了相应惩罚条款	1	2	3	4	5
	我方获得的收益与项目的规模、复杂程度、特殊要求等是相符的	1	2	3	4	5
	合同对法律法规及相关政策变动设置了价款调整并予以支付	1	2	3	4	5
	合同对物价波动以及工程变更等设置了价款调整并予以支付	1	2	3	4	5
信息共享	各方能够及时通报相关信息、变化以及事件等	1	2	3	4	5
	各参与方之间交换的信息是准确的	1	2	3	4	5
	各参与方之间的信息共享是充足的	1	2	3	4	5
	各参与方之间经常利用非正式渠道进行沟通	1	2	3	4	5

变量	项目描述	完全不同意	不同意	中立	同意	完全同意
共同解决问题	项目各参与方以积极合作的态度解决合作中出现的冲突和争论	1	2	3	4	5
	我方能够提供相关支持以帮助参与方解决问题	1	2	3	4	5
	项目各方对意外变化能客观处理，共同承担责任	1	2	3	4	5
	项目各方会调动各自资源，全力解决项目实施过程所遇到的问题	1	2	3	4	5
	当不可预见情况出现时，项目各方合作寻找解决方案	1	2	3	4	5
文化建设	我方经常与主要合作方进行会餐、互送小礼物并组织考察、学习等活动	1	2	3	4	5
	项目鼓励参建各方在遵照合同基础上，建立项目伙伴关系	1	2	3	4	5
	我方积极倡导愉悦的项目文化	1	2	3	4	5
	项目实施了劳动竞赛、社区共建、文明工地、党员先锋队等文化建设活动	1	2	3	4	5
政府决策	政府部门为项目制定相关的规划或管理办法	1	2	3	4	5
	政府部门对项目建设中的方针政策、重大步骤做出决策	1	2	3	4	5
	政府部门制定项目资源合理配置方案	1	2	3	4	5
政府监督	政府部门组建项目法人，并对项目法人的科学决策实施监督	1	2	3	4	5
	政府部门对项目建设程序、建设过程方案及变更、质量和环保等进行监督	1	2	3	4	5
	政府部门对项目工作计划、人事管理事宜、招标及合同管理进行监督	1	2	3	4	5
	政府部门对工程投资总量、工程建设资金的筹措及管理使用进行监督控制	1	2	3	4	5
政府协调	政府部门负责组织或协调征地拆迁、移民安置	1	2	3	4	5
	政府部门负责协调项目涉及的社会利益关系	1	2	3	4	5
	政府部门负责协调中央各部门之间、中央和地方之间的关系	1	2	3	4	5
	政府部门负责协调与项目有关的公共事务	1	2	3	4	5

第三部分：项目完成情况调查

说明：请您同样针对前面所选定的重大工程项目，根据您的实际经历和切身感受对项目实际完成情况进行回答，在您认为合适的选项下打“√”。

变量	项目描述	完全不同意	不同意	中立	同意	完全同意
项目治理绩效	项目实施过程中我方对与相关方的合作感到满意	1	2	3	4	5
	项目实施过程中我方获得了有效的激励	1	2	3	4	5
	项目实施过程中持续存在着合理、有效的监督	1	2	3	4	5
	项目实施过程中的重要决策都是及时做出的	1	2	3	4	5
	项目实施过程中做出的重要决策都是正确的	1	2	3	4	5
项目成功	项目很好地完成了工期目标	1	2	3	4	5
	项目很好地完成了成本目标	1	2	3	4	5
	项目很好地完成了质量目标	1	2	3	4	5
	项目很好地完成了安全目标	1	2	3	4	5
	项目做到了环境友好，树立了良好的社会形象	1	2	3	4	5
	业主和政府主管部门对完工交付成果感到满意	1	2	3	4	5
	参建方对项目质量、性能等感到满意	1	2	3	4	5
	项目完工后，获得了公众（或使用方）的好评	1	2	3	4	5

问卷到此结束，再次感谢您的合作，祝您工作顺利，家庭幸福！

参考文献

[1] Aaltonen K., Sivonen R. Response strategies to stakeholder pressures in global projects [J]. International Journal of Project Management，2009，27（2）：131–141.

[2] Abednego M P，Ogunlana S O. Good project governance for proper risk allocation in public–private partnerships in Indonesia [J]. International Journal of Project Management，2006，24（7）：622-634.

[3] Abu Hassim Aliza，Kajewski Stephen，Trigunarsyah Bambang. The importance of project governance framework in project procurement planning [J]. Procedia Engineering，2011，14（2259）：1929-1937.

[4] Ahola T，Ruuska I，Artto K，et al. What is project governance and what are its origins? [J]. International Journal of Project Management，2014，32（8）：1321-1332.

[5] Akasaka T，Ando W. The transformative effect of top management governance choices on project team identity and relationship with the organization — An agency and stewardship approach [J]. International Journal of Project Management，2014，32（8）：1358-1370.

[6] Arts J，Faith-Ell C. New Governance approaches for sustainable project delivery [J]. Procedia of Social and Behavioral Sciences，2012，48：3239-3250.

[7] Artto K，Kujala J. Project business as a research field [J]. International Journal of Managing Projects in Business，2008，1（4）：469-497.

[8] ASCE. Report card for America’ s infrastructure [R]. ASCE website at http：// www.infrastructurereportcard.org /states/，2009.

[9] Association for Project Management. Directing change：A guide to governance of project management [R]. High Wycombe，UK. 2004.

[10] Atkinson R. Project management：Cost，time and quality，two best guesses and a phenomenon，its time to accept other success criteria [J]. International

Journal of Project Management, 1999, 17（6）: 337-342.

[11] Badewi A. The impact of project management（PM）and benefits management（BM）practices on project success: Towards developing a project benefits governance framework [J]. International Journal of Project Management, 2016, 34（4）: 761-778.

[12] Bekker M C, Steyn H. Defining ‘project governance’ for large capital projects [C].Africon, 2007: 1-13.

[13] Bekker M C. Project governance - The definition and leadership dilemma [C]. IPMA, 2015: 33-43.

[14] Bernardo M D R. Project indicators for enhancing governance of projects [J]. Procedia Technology, 2014, 119: 55-64.

[15] Biesenthal C, Wilden R. Multi-level project governance: Trends and opportunities [J]. International Journal of Project Management, 2014, 32（8）: 1291-1308.

[16] Black C, Akintoye A, Fitzgerald E. An analysis of success factors and benefits of partnering in construction [J]. International Journal of Project Management, 2000, 18（6）: 423-434.

[17] Boateng P, Chen Z, Ogunlana S O. An Analytical Network Process model for risks prioritisation in megaprojects [J]. International Journal of Project Management, 2015, 33（8）: 1795-1811.

[18] Borman W C. Expanding the Criterion Domain to Include Elements of Contextual Performance [J]. N.schmitt & W.c.borman Personnel Selection in Organizations, 1993.

[19] Bosch-Rekveldt M, Jongkind Y, Mooi H, et al. Grasping project complexity in large engineering projects: The TOE（Technical, Organizational and Environmental）framework [J]. International Journal of Project Management, 2011, 29（6）: 728-739.

[20] Brady T, Davies A, Gann D, et al. Learning to manage mega projects: The case of baa and heathrow terminal 5 [J]. Project Perspectives, 2007: 32-39.[A1]

[21] Bredillet C. Project management governance: A situational approach [C]. EURAM: Governance in Managerial Life, 2004.

[22] Brunet M, Aubry M. The governance of major public infrastructure projects: The process of translation [J]. International Journal of Managing Projects in Business, 2018（4）: 00-00.

[23] Bryde D J, Robinson L. Client versus contractor perspectives on project success criteria [J]. International Journal of Project Management, 2005, 23（8）: 622-629.

[24] Bstieler L, Hemmert M. The effectiveness of relational and contractual governance in new product development collaborations: Evidence from Korea [J]. Technovation, 2015, 45-46: 29-39.

[25] Caniëls M C J, Gelderman C J, Vermeulen N P. The interplay of governance mechanisms in complex procurement projects [J]. Journal of Purchasing & Supply Management, 2012, 18（2）: 113-121.

[26] Cardenas I C, Voordijk H, Dewulf G. Beyond theory: Towards a probabilistic causation model to support project governance in infrastructure projects [J]. International Journal of Project Management, 2017, 35（3）: 432-450.

[27] Chan AP, Chan AP. Key performance indicators for measuring construction success [J]. Benchmarking: An International Journal, 2004, 11（2）: 203-221.

[28] Chang C Y. Risk-bearing capacity as a new dimension to the analysis of project governance [J]. International Journal of Project Management, 2015, 33（6）: 1195-1205.

[29] Chen L, Manley K. Validation of an instrument to measure governance and performance on collaborative infrastructure projects [J]. Journal of Construction Engineering & Management, 2014, 140（5）: 63-70.

[30] Cheung S O, Wei K W, Yiu T W, et al. Exploring the influence of contract governance on construction dispute negotiation [J]. Journal of Professional Issues in Engineering Education & Practice, 2008, 134（4）: 391-398.

[31] Chi C S F, Javernick-Will A N. Institutional effects on project arrangement: High-peed rail projects in China and Taiwan [J]. Construction Management & Economics, 2011, 29（6）: 595-611.

[32] Child J, Tsai T. The dynamic between firms’ environmental strategies and

institutional constraints in emerging economies：Evidence from China and Taiwan [J]. Journal of Management Studies，2005，42（1）：95-125.

[33] Cleland D，Ireland L. Project management–strategies and implementation [M]. New York：McGraw–Hill，2002.

[34] Cooke-Davies T. The “real” success factors on projects [J]. International Journal of Project Management，2002，20（3）：185-190.

[35] Corbin J M，Strauss A. Grounded theory research：Procedures，canons，and evaluative criteria [J]. Qualitative sociology，1990，13（1）：3-21.

[36] Corbin J，Strauss A. Basics of qualitative research：Techniques and procedures for developing grounded theory [M]. Sage Publications，Incorporated，2007.

[37] Cox R W. 10 structural issues of global governance：implications for Europe[J]. Gramsci，Historical Materialism and International Relations，1993，26：259-277.

[38] Crawford L，Cooke-Davies T. Project governance：The role and capabilities of the executive sponsor [J]. Project Perspectives，2009，66-74.

[39] Daniel L. Stufflebeam. 评估模型 [M]. 北京：北京大学出版社，2007.

[40] Davis J H，Schoorman F D，Donaldson L. Toward a stewardship theory of management [J]. Academy of Management Review，1997，22（1）：20-47.

[41] Dekker H C. Control of inter-organizational relationships：Evidence on appropriation concerns and coordination requirements [J]. Accounting，Organizations and Society，2004，29（1）：27-49.

[42] Delhi V S K，Mahalingam A. Institutional issues related to project governance of infrastructure PPP projects in India [C]. Construction Research Congress，2012：1481-1490.

[43] Dobbs R，Pohl H，Lin D，et al. Infrastructure productivity：How to save $1 trillion a year [R]. 2013.

[44] Donaldson L，Davis J H. Stewardship theory or agency theory：CEO governance and shareholder returns [J]. Australian Journal of Management，1991，16（16）：49-64.

[45] Donaldson T，Preston L E. The Stakeholder Theory of the corporation：Concepts，evidence and implications [J]. Academy of Management Review，

20（1）：65-91.

[46] Dunn S C, Seaker R F, Waller M A. Latent variables in business logistics research: Scale development and validation [J]. Journal of Business Logistics, 1994, 15: 145-172.

[47] Eisenhardt K M. Agency theory: An assessment and review [J]. Academy of Management Review, 1989, 14（1）：57-74.

[48] Eisenhardt K M. Building theories from case study research [J]. Academy of Management Review, 1989, 14（4）：532-550.

[49] Eweje J, Turner R, Müller R. Maximizing strategic value from megaprojects: The influence of information-feed on decision-making by the project manager [J]. International Journal of Project Management, 2012, 30（6）：639-651.

[50] Faisol N, Dainty A R J, Price A D F. The concept of relational contracting as a tool for understanding inter-organizational relationships in construction [J]. In: Khosrowshahi, 2005.

[51] Fellows R, Liu A. Impact of participants' values on construction sustainability [C]. Proceedings of the ICE-Engineering Sustainability, 2008, 161（4）：219-227.

[52] Fink R C, James W L, Hatten K J. An exploratory study of factors associated with relational exchange choices of small-, medium- and large-sized customers [J]. Journal of Targeting Measurement & Analysis for Marketing, 2009, 17（1）: 39-53.

[53] Flyvbjerg B. What you should know about megaprojects and why: An overview [J]. Project Management Journal, 2014, 45（2）：6–19.

[54] Gil N. Developing Cooperative project client-supplier relationships: How much to expect from relational contracts [J]. California Management Review, 2009, 51（2）：144-169.

[55] Gorsuch R L. Factor analysis [M]. Hillsdale, 1983.

[56] Gross M, Źróbek R. Good governance in some public real estate management systems [J]. Land Use Policy, 2015, 49: 352-364.

[57] Guo F, Yan C R, Wilkinson S, et al. Effects of project governance structures on the management of risks in major infrastructure projects: A comparative

analysis [J]. International Journal of Project Management，2014，32（5）：815-826.

[58] Hair J F, Anderson R E, Tatham R L, et al. Multivariate Data Analysis, 5th Ed [J]. All Publications，1998.

[59] Hällgren M，Lindahl M. Coping with lack of authority：Extending research on project governance with a practice approach [J]. International Journal of Managing Projects in Business，2017，10（2）：244-262.

[60] Hanisch B，Wald A. Effects of complexity on the success of temporary organizations：Relationship quality and transparency as substitutes for formal coordination mechanisms [J]. Scandinavian Journal of Management，2014，30（2）：197-213.

[61] He Q，Luo L，Hu Y，et al. Measuring the complexity of mega construction projects in China—A fuzzy analytic network process analysis [J]. International Journal of Project Management，2015，33（3）：549-563.

[62] Heide J B. Plural governance in industrial purchasing [J]. Journal of Marketing，2003，67（4）：18-29.

[63] Hellström M，Ruuska I，Wikström K，et al. Project governance and path creation in the early stages of Finnish nuclear power projects [J]. International Journal of Project Management，2013，31（5）：712-723.

[64] Henisz W J，Levitt R E. Regulative，normative and cognitive institutional supports for relational contracting in infrastructure projects [J]. Unpublished Manuscript，2011.

[65] Henisz W，Levitt R，Richardscott W. Toward a unified theory of project governance：Economic，sociological and psychological supports for relational contracting [J]. Engineering Project Organization Journal，2012，2（2）：37-55.

[66] Hinkin，Timothy R. A brief tutorial on the development of measures for use in survey questionnaires [J].Organizational research methods，1998，1（1）：104-121.

[67] Ho S P，Lin Y S，Wu H，et al. Empirical test of a model for organizational governance structure choices in construction joint ventures [J]. Construction

Management and Economics，2009，27（3）：315-324.

[68] Ho S P，Tsui C W. When are public-private partnerships not an appropriate governance structure? Case study evidence[C]. Construction Research Congress 2010，Asce，Banff，Canada. 2010：817-826.

[69] Holsti O R. Content analysis for the social sciences and humanities [M]. MA：Addison-Wesley，1969.

[70] Hu Y，Le Y，Gao X，et al. Grasping institutional complexity in infrastructure megaprojects through the multi-level governance system：A case study of the Hong Kong-Zhuhai-Macao Bridge construction [J]. Frontiers of Engineering Management，2018，5（1）：52-63.

[71] Hu，Y，Chan C，Le Y. Understanding the determinants of program organization for construction megaproject success：Case study of the shanghai expo construction [J]. Journal of Management in Engineering，2014，31（5）：05014019.

[72] Javernick - Will A N. Institutional effects on project arrangement：High - speed rail projects in China and Taiwan [J]. Construction Management & Economics，2011，29（6）：595-611.

[73] Jensen, M C, Meckling W H. Theory of the firm: Managerial behavior, agency costs and ownership structure[J]. Journal of Finance Economics, 1976, 3: 305–360.

[74] Jones T M，Wicks A C. Convergent stakeholder theory [J]. Academy of Management Review，1999，24（2）：206-221.

[75] Jooste S F，Levitt R E. The impacts of infrastructure PPPs on public sector capacity [J]. American Society of Civil Engineers，2009：1184-1193.

[76] Joslin R，Müller R. Relationships between a project management methodology and project success in different project governance contexts [J]. International Journal of Project Management，2015，33（6）：1377-1392.

[77] Joslin R，Müller R. The relationship between project governance and project success [J]. International Journal of Project Management，2016，34（4）：613-626.

[78] Jugdev K，Müller R. A retrospective look at our evolving understanding of

project success [J]. Project Management Journal，2005，36（4）：19-31.

[79] Klakegg O J，Williams T，Shiferaw A T. Taming the ‘trolls’：Major public projects in the making [J]. International Journal of Project Management, 2016，34（2）：282-296.

[80] Lambert A J，Payne B K，Jacoby L L，et al. Stereotypes as dominant responses：On the “social facilitation” of prejudice in anticipated public contexts [J]. Journal of Personality & Social Psychology，2003，84（2）：277-95.

[81] Levitt R. Towards project management 2.0 [J]. Engineering Project Organization Journal，2011，1（3）：197-210.

[82] Li Y K，Lu Y J，Kwak Y H，et al. Social network analysis and organizational control in complex projects：Construction of EXPO 2010 in China [J]. Engineering Project Organization Journal，2011，1（4）：223-237.

[83] Li Y，Lu Y，Taylor J E，et al. Bibliographic and comparative analyses to explore emerging classic texts in megaproject management [J]. International Journal of Project Management，2017.

[84] Liang，Jian，Crystal IC Farh，and Jiing-Lih Farh. Psychological antecedents of promotive and prohibitivevoice：A two-wave examination [J]. Academy of Management Journal，2012，55（1）：71-92.

[85] Lim C，Mohamed M Z. Criteria of project success：An exploratory re-examination [J]. International Journal of Project Management，1999，17（4）：243-248.

[86] Lin Y H，Ho S P. Impacts of governance structure strategies on the performance of construction joint ventures [J]. Journal of Construction Engineering & Management，2013，139（3）：304-311.

[87] Linstone H A，Turoff M. The Delphi method：Techniques and applications [M]. Boston：Addison-Wesley Reading，1975.

[88] Locatelli G，Mancini M，Romano E. Systems Engineering to improve the governance in complex project environments [J]. International Journal of Project Management，2014，32（8）：1395-1410.

[89] Lu P，Guo S，Qian L，et al. The effectiveness of contractual and relational governances in construction projects in China [J]. International Journal of

Project Management，2015，33（1）：212-222.

[90] Lu Y J，Li Y K，Ma L，et al. Evolutionary governance for mega-event projects（MEPs）：A case study of the World Expo 2010 in China[J]. Project Management Journal，2018，49（1）：57-58.

[91] Lu Y，Luo L，Wang H，et al. Measurement model of project complexity for large-scale projects from task and organization perspective [J]. International Journal of Project Management，2015，33（3）：610-622.

[92] Ludwig B. Predicting the future：Have you considered using the Delphi methodology [J]. Journal of Extension，1997，35（5）：1-4.

[93] Luo Y. Contract, cooperation, and performance in international joint ventures [J]. Strategic Management Journal，2002，23（10）：903-919.

[94] Marsh H W，Hau K T，Balla J R，et al. Is more ever too much? The number of indicators per factor in confirmatory factor analysis [J].?Multivariate behavioral research，?1998，33（2）：181-220.

[95] Marshall K，Rousey S. Guidance for transportation project management [S]. NCHRP Web-Only Document，2009.

[96] Mason C，Kirkbride J，Bryde D. From stakeholders to institutions：the changing face of social enterprise governance theory [J]. Social Science Electronic Publishing，2007，45（2）：284-301.

[97] Mazur A K，Pisarski A. Major project managers' internal and external stakeholder relationships：The development and validation of measurement scales [J]. International Journal of Project Management，2015，33（8）：1680-1691.

[98] McAdam D，Boudet H S，Davis J，et al. "Site fights"：Explaining opposition to pipeline projects in the developing world [J]. Sociological Forum，2010，25（3）：401-427.

[99] McKenna M，Wilczynski H，VanderSchee D. Capital project execution in the oil and gas industry [M]. Booz Allen Hamilton，Houston，2006.

[100] Miller R，Hobbs B. Governance regimes for large complex projects[J]. Project Management Journal，2005，36（3）：42–50.

[101] Mosavi A. Exploring the roles of portfolio steering committees in project

portfolio governance [J]. International Journal of Project Management, 2014, 32（3）: 388-399.

[102] Mossalam A, Arafa M. Governance model for integrating organizational project management（OPM）with corporate practices [J]. Hbrc Journal, 2015, 13（3）: 2-13.

[103] Müller R, Lecoeuvre L. Operationalizing governance categories of projects [J]. International Journal of Project Management, 2014, 32（8）: 1346-1357.

[104] Müller R, Pemsel S, Shao J. Organizational enablers for governance and governmentality of projects: A literature review [J]. International Journal of Project Management, 2014, 32（8）: 1309-1320.

[105] Müller R, Stawicki J. A framework for building successful project based organizations [J]. Project Perspectives, 2008: 68-72.

[106] Müller R, Zhai L, Wang A. A Framework for Governance in the Realm of Projects [C]. Euram, 2016.

[107] Müller R. Project Governance [M]. Gower, Sweden, 2009.

[108] Musawir A U, Serra C E M, Zwikael O, et al. Project governance, benefit management, and project success: Towards a framework for supporting organizational strategy implementation [J]. International Journal of Project Management, 2017, 35（8）: 1658-1672.

[109] Musawir A U, Serra C E M, Zwikael O, et al. Project governance, benefit management, and project success: Towards a framework for supporting organizational strategy implementation [J]. International Journal of Project Management, 2017, 35（8）: 1658-1672.

[110] Ness H, Haugland S A. The evolution of governance mechanisms and negotiation strategies infixed-duration interfirm relationships [J]. Journal of Business Research, 2005, 58（12）: 26-39.

[111] Ng A K Y, Velasco-Acosta A E, Wang T. Institutions and the governance of transport infrastructure projects: Some insight from the planning and construction of the CentrePort Canada Way[J]. Research in Transportation Business & Management, 2015, 14: 25-33.

[112] Nielsen B B. The role of knowledge governance in strategic alliances [J].

International Journal of Strategic Change Management，2010，2（2）：102-127.

[113] Nikitin G，Barykin A，Slyshkin V，et al. Engineering and infrastructure projects in ministry of industry and trade of Russia：Balance of governance and management [J]. Procedia of Social and Behavioral Sciences，2016，226：358-364.

[114] Ning Y. Combining formal controls and trust to improve dwelling fit-out project performance：A configurational analysis [J]. International Journal of Project Management，2017，35（7）：1238-1252.

[115] Ning Y. Identifying combinations of control strategies in dwelling fit-out projects：A latent profile analysis [J]. International Journal of Project Management，2017，35（5）：729-738.

[116] Ning Y. Selecting client’s project control strategies in person-to-organization transactions [J]. International Journal of Project Management，2017，35（2）：212-220.

[117] O’Leary T. Decision-Making in organisations [M]. Project Governance，Palgrave Macmillan UK，2012.

[118] Oedewald P，Gotcheva N. Safety culture and subcontractor network governance in a complex safety critical project [J]. Reliability Engineering & System Safety，2015，141：106-114.

[119] Olsen B E，Haugland S A，Karlsen E，et al. Governance of complex procurements in the oil and gas industry [J]. Journal of Purchasing & Supply Management，2005，11（1）：1-13.

[120] Omega Centre. Incorporating principles of sustainable development within the design and delivery of major projects：An international study with particular reference to major infrastructure projects [R]. http：//www.omegacentre.bartlett.ucl.ac.uk/outputs/index.php，2010.

[121] Oudot J M. Risk-allocation：Theoretical and empirical evidences，application to public-private partnerships in the defense sector [C]. The 9th annual conference of the institutions of market exchange，Barcelona，Spain. 2005：23-25.

[122] Pandit N R. The creation of theory: A recent application of the grounded theory method [J]. The qualitative report, 1996, 2（4）: 1-14.

[123] Patanakul P, Kwak Y H, Zwikael O, et al. What impacts the performance of large-scale government projects? [J]. International Journal of Project Management, 2016, 34（3）: 452-466.

[124] Pietroforte R. Communication and governance in the building process [J]. Construction Management & Economics, 1997, 15（1）: 71-82.

[125] Pinto J K. Project management, governance, and the normalization of deviance [J]. International Journal of Project Management, 2014, 32（3）: 376-387.

[126] Pitsis T S, Sankaran S, Gudergan S, et al. Governing projects under complexity: Theory and practice in project management [J]. International Journal of Project Management, 2014, 32（8）: 1285-1290.

[127] PMI. Organizational project management knowledge foundation maturity model（opm3）: knowledge foundation [J]. Office Automation, 2013, 26: 22-28.

[128] Podsakoff, Philip M., Scott B. MacKenzie, and Nathan P. Podsakoff. Recommendations for creating better concept definitions in the organizational, behavioral, and social sciences [J]. Organizational Research Methods, 2016: 159-203.

[129] Pongsiri N. Regulation and public-private partnerships [J]. International Journal of Public Sector Management, 2002, 15（6）: 487-495.

[130] Poppo L, Zenger T. Do formal contracts and relational governance function as substitutes or complements? [J]. Strategic management journal, 2002, 23（8）: 707-725.

[131] Poppo L, Zhou K Z, Zenger T R. Examining the conditional limits of relational governance: specialized assets, performance ambiguity, and long-standing ties [J]. Journal of Management Studies, 2008, 45（7）: 1195-1216.

[132] Project Management Institute. Governance of portfolios, programs, and projects: A practice guide [R]. 2016, Pennsylvania, USA

[133] Ralf Müller, Li Zhai, Anyu Wang, et al. A framework for governance of projects: Governmentality, governance structure and projectification [J]. International Journal of Project Management, 2016, 34 (6) : 957-969.

[134] Reve T, Levitt R E. Organization and governance in construction [J]. International Journal of Project Management, 1984, 2 (1) : 17-25.

[135] Ruuska I, Ahola T, Artto K, et al. A new governance approach for multi-firm projects: Lessons from Olkiluoto 3 and Flamanville 3 nuclear power plant projects [J]. International Journal of Project Management, 2011, 29 (6): 647-660.

[136] Ruuska I, Artto K, Aaltonen K, et al. Dimensions of distance in a project network: Exploring Olkiluoto 3 nuclear power plant project[J]. International Journal of Project Management, 2009, 27 (2) : 142-153.

[137] Saunders, Mark, Philip Lewis, and Adrian Thornhill. Research methods for business students [M]. Pearson Education, 2009.

[138] Scott W R, Levitt R E, Orr R J. Global projects: Institutional and political challenges [M]. Cambridge University Press, 2011.

[139] Scott W R. The institutional environment of global project organizations [J]. Engineering Project Organization Journal, 2012, 2 (1-2) : 27-35.

[140] Shao J. Impact of program managers' leadership competences on programsuccess and its moderation through program context[D].Lille: SKEMA Business School, 2010.

[141] Sharpe M E. Ownership and control: Rethinking corporate governance for the twenty-first century [J]. Challenge, 1997, 39 (1) : 62-64.

[142] Shiferaw A T, Klakegg O J. Project evaluation: Accomplishments, shortfalls, and lessons learned in housing development projects in Ethiopia [J]. Journal of Management in Engineering, 2013, 29 (3) : 289-301.

[143] S?derholm A. Project management of unexpected events [J]. International Journal of Project Management, 2008, 26 (1) : 80-86.

[144] S?derlund J. Building theories of project management: Past research, questions for the future [J]. International Journal of Project Management, 2004, 22 (3) : 183-191.

[145] Too E G, Weaver P. The management of project management: A conceptual framework for project governance [J]. International Journal of Project Management, 2014, 32（8）: 1382-1394.

[146] Tsaturyan T, Müller R. Integration and governance of multiple project management offices（PMOs）at large organizations [J]. International Journal of Project Management, 2015, 33（5）: 1098-1110.

[147] Turner J R, Keegan A. Mechanisms of governance in the project-based organization: Roles of the broker and steward [J]. European Management Journal, 2001, 19（3）: 254-267.

[148] Turner J R, Keegan A. The versatile project-based organization: Governance and operational control [J]. European Management Journal, 1999, 17（3）: 296-309.

[149] Turner J R, Simister S J. Project contract management and a theory of organization [J]. International Journal of Project Management, 2001, 19（8）: 457-464.

[150] Turner J R. Farsighted project contract management: incomplete in its entirety [J]. Construction Management & Economics, 2004, 22（1）: 75-83.

[151] Turner J R. Towards a theory of project management: The functions of project management [J]. International Journal of Project Management, 2006, 24（3）: 187-189.

[152] Turner R J, Huemann M, Anbari F T, et al. Perspectives on projects [J]. Construction Management & Economics, 2010, 30（30）: 416-420.

[153] Turner T. Accountability in cross-tier e-government integration [J]. Australian Government, 2004.

[154] Uzzi B. Embeddedness in the making of financial capital: How social relations and networks benefit firms seeking financing [J]. American Sociological Review, 1999, 64（4）: 481-505.

[155] Wang E T G, Chen J H F. The influence of governance equilibrium on ERP project success [J]. Decision Support Systems, 2006, 41（4）: 708-727.

[156] Wang X, Huang J. The relationships between key stakeholders' project performance and project success: Perceptions of Chinese construction

supervising engineers [J]. International Journal of Project Management, 2006，24（3）：253-260.

[157] Williams T，Klakegg O J，Magnussen O M，et al. An investigation of governance frameworks for public projects in Norway and the UK [J]. International Journal of Project Management，2010，28（1）：40-50.

[158] Williamson O E. Comparative economic organization：The analysis of discrete structural alternatives [J]. Administrative science quarterly，1991：269-296.

[159] Williamson O E. Markets and Hierarchies：Analysis and antitrust implications：a study in the economics of internal organization [J]. Social Science Electronic Publishing，1975，86（343）：619.

[160] Williamson O E. The mechanisms of governance [M]. Oxford University Press on Demand，1996.

[161] Williamson O E. Transaction cost economics：The natural progression [J]. Journal of Retailing，2010，86（3）：215-226.

[162] Williamson O E. Transaction-cost economics：The governance of contractual relations [J]. Journal of Law & Economics，1979，22（2）：233-261.

[163] Williamson，O.E. Corporate finance and corporate governance [J]. Journal of Finance，1988，43：567–591.

[164] Winch G M. Governing the project process：A conceptual framework [J]. Construction Management & Economics，2001，19（8）：799-808.

[165] Winch G M. The governance of project coalitions—Towards a research agenda [J]. Lowe，2006.

[166] Winch G. The construction firm and the construction project：A transaction cost approach [J]. Construction Management and Economics，1989，7（4）：331-345.

[167] World Bank. Infrastructure at the crossroad–lessons from 20 years of World Bank experience [R]. Website at https：//openknowledge.worldbank.org/handle/10986/7189，2006.

[168] Xue J，Yuan H，Shi B. Impact of contextual variables on effectiveness of partnership governance mechanisms in megaprojects：Case of guanxi [J]. Journal of Management in Engineering，2016，33（1）.

[169] You J，Chen Y，Wang W，et al. Uncertainty，opportunistic behavior，and governance in construction projects：The efficacy of contracts [J]. International Journal of Project Management，2018.

[170] Zaheer A，Venkatraman N. Relational governance as an interorganizational strategy：An empirical test of the role of trust in economic exchange [J]. Strategic management journal，1995，16（5）：373-392.

[171] Zarewa G A，Ibrahim A D，Ibrahim Y M，et al. Governance impact assessment on large infrastructure Project（LIP）delivery [J]. Journal of Engineering，Project，and Production Management，2018，8（1）：9-21.

[172] Zhai Z，Ahola T，Le Y，et al. Governmental governance of megaprojects：The case of EXPO 2010 Shanghai [J]. 2017，48（1）：37-50.

[173] Zwikael O，Smyrk J. Project governance：Balancing control and trust in dealing with risk [J]. International Journal of Project Management，2015，33（4）：852-862.

[174] 白胜 . 国外管理理论建构研究述评：三种逻辑推理的视角 [J]. 科技进步与对策，2017，34（4）：115-121.

[175] 财政部政府和社会资本合作中心 . 全国 PPP 综合信息平台项目库第 7 期季报 [R]. http：//jrs.mof.gov.cn/ppp/dcyjppp/201710/t20171027_2736103.html.

[176] 陈超美 . CiteSpace Ⅱ：科学文献中新趋势与新动态的识别与可视化 [J]. 陈悦，侯剑华，梁永霞，译 . 情报学报，2009，28（3）：401-421.

[177] 陈向明 . 扎根理论的思路和方法 [J]. 教育研究与实验，1999（4）：58-63.

[178] 陈向明 . 质的研究方法与社会科学研究 [M]. 北京：教育科学出版社，2002.

[179] 陈晓萍，徐淑英，樊景立 . 组织与管理研究的实证方法 [M]. 北京：北京大学出版社，2012.

[180] 邓娇娇 . 公共项目契约治理与关系治理的整合及其治理机理研究 [D]. 天津大学，2013.

[181] 邓娇娇，邓新位，严玲 . 公共项目代建人激励的关键治理因子：一个实证研究 [J]. 预测，2013（5）：57-62.

[182] 邓娇娇，严玲，吴绍艳 . 中国情境下公共项目关系治理的研究：内涵、结构与量表 [J]. 管理评论，2015，27（8）：213-222.

[183] 邓中美，方俊．政府投资工程代建合同激励机制研究 [J]. 国外建材科技，2006，27（2）：136-137.

[184] 丁荣贵，高航，张宁．项目治理相关概念辨析 [J]. 山东大学学报（哲学社会科学版），2013（2）：138-148.

[185] 丁荣贵，孙涛．政府投资产学研合作项目治理方式研究框架 [J]. 中国软科学，2008（9）：101-111.

[186] 董维维，庄贵军．关系治理的本质解析及在相关研究中的应用 [J]. 软科学，2012，26（9）：133-137.

[187] 杜亚灵，尹贻林．基于治理的代建项目管理绩效改善研究 [J]. 北京理工大学学报（社会科学版），2010，12（6）：19-26.

[188] 杜亚灵，尹贻林．基于治理结构创新的公共项目管理绩效改善研究——以深圳地铁 5 号线 BT 工程为例 [J]. 建筑经济，2010（4）：66-70.

[189] 杜亚灵，尹贻林．治理对公共项目管理绩效改善的实证研究——以企业型代建项目为例 [J]. 土木工程学报，2011（12）：132-137.

[190] 方炜，牛婷婷，王莉丽．项目治理研究现状与前景展望 [J]. 科技管理研究，2017，37（4）：200-206.

[191] 方炜，赵洁，王莉丽．基于双层次三维度评价模型的项目治理风险研究 [J]. 管理现代化，2017，37（5）：105-108.

[192] 顾强，杨卫华，戴大双．项目治理的理论研究与进展评述 [J]. 建筑经济，2012（2）：64-67.

[193] 郭本禹．当代心理学的新进展 [M]. 山东：山东教育出版社，2003.

[194] 韩春雷．承包商海外基础设施 PPP 项目契约治理能力研究 [D]. 北京交通大学，2017.

[195] 何清华，罗岚．大型复杂工程项目群管理协同与组织集成 [M]. 北京：科学出版社，2013.

[196] 何清华，罗岚，陆云波，等．项目复杂性内涵框架研究述评 [J]. 科技进步与对策，2013，30（23）：156-160.

[197] 何清华，罗岚，陆云波，等．基于 TO 视角的项目复杂性测度研究 [J]. 管理工程学报，2013，27（1）：127-134.

[198] 何清华，杨德磊，张兵，等．组织效能研究的动态演化分析——基于内涵与发展视角研究 [J]. 软科学，2015（9）：76-80.

[199] 黄路路 . 大型工程项目总承包模式混合治理机制研究 [D]. 天津理工大学，2017.

[200] 贾广社，夏志坚，陈双，等 . 大型建设工程项目治理研究——以上海虹桥综合交通枢纽工程为例 [J]. 建筑经济，2010（11）：49-52.

[201] 贾旭东，谭新辉 . 经典扎根理论及其精神对中国管理研究的现实价值 [J]. 管理学报，2010（5）：656-665.

[202] 阚洪生，陆云波，乐云，等 . 基于 Agent 的项目交易治理计算模型研究 [J]. 系统工程理论与实践，2017，37（4）：972-981.

[203] 乐云，白居，李永奎，等 . 中国重大工程高层管理者获取政治激励的影响因素与作用机制研究 [J]. 管理学报，2016，13（8）：1164-1173.

[204] 乐云，黄宇桢，韦金凤 . 政府投资重大工程组织模式演变分析及实证研究 [J]. 工程管理学报，2017，31（2）：54-58.

[205] 乐云，徐进英，白居 . 制度变迁视角下重大基础设施投融资模式演进 [J]. 同济大学学报（自然科学版），2016，44（8）：1272-1279.

[206] 乐云，俞琳，白居 . 中国重大工程顶层组织中的兼任机制："政府 - 市场"二元视角 [J]. 工程管理学报，2016，30（3）：99-104.

[207] 李怀祖 . 管理学研究方法论 [M]. 西安：西安交通大学出版社，2004.

[208] 李善波 . 公共项目治理结构及治理机制研究 [D]. 河海大学，2012.

[209] 李伟 . 房地产开发项目的设计与管理 [J]. 城市建设理论研究：电子版，2012（24）.

[210] 李晓光，郝生跃，任旭 . 关系治理对 PPP 项目控制权影响的实证研究 [J]. 北京理工大学学报（社会科学版），2018，20（3）：52-59.

[211] 李永奎，乐云，张艳，等 ."政府 - 市场"二元作用下的我国重大工程组织模式：基于实践的理论构建 [J]. 系统管理学报，2018（1）：147-156.

[212] 李永奎 . 重大工程 PPP 模式适应性提升路径：基于制度理论和复杂性视角 [J]. 南京社会科学，2017（11）：68-75.

[213] 李志钦 . 基于多案例的情境组合因素对公共建设项目治理策略影响研究 [D]. 天津理工大学，2017.

[214] 梁永宽 . 合同与关系：中国背景下的项目治理机制——基于委托代理与交易成本理论的分析 [J]. 科技管理研究，2012，32（22）：251-254.

[215] 梁永宽 . 项目管理中的合同治理与关系治理——基于建设项目业主与承包

商的实证研究 [D]. 中山大学，2008.
[216] 刘常乐 . 项目情境下治理机制对知识转移的影响研究 [D]. 北京交通大学，2016.
[217] 刘家明，陈勇强，戚国胜 . 项目管理承包——PMC 理论与实践 [M]. 北京：人民邮电出版社，2005.
[218] 刘敬严，陈国勋 . 项目网络化协同治理绩效模型实证研究 [J]. 工程管理学报，2014（6）：112-117.
[219] 刘荣坤，刘兴智，荣梅，等 . 政府投资项目治理风险评级方法研究 [J]. 软科学，2011，25（2）：29-35.
[220] 罗剑，罗锦贤 . 从管理到治理：项目治理的文献综述 [J]. 项目管理技术，2017，15（9）：54-58.
[221] 骆亚卓，薛声家 . 建设项目治理模式分类的探索性研究 [J]. 企业经济，2011（6）：35-38.
[222] 骆亚卓 . 合同治理与关系治理及其对建设项目绩效影响的实证研究 [D]. 暨南大学，2011.
[223] 骆亚卓 . 项目契约治理与关系治理研究现状与评述 [J]. 人民论坛学术前沿，2017（24）：104-107.
[224] 孟晓华 . 企业环境信息披露的驱动机制研究 [D]. 上海交通大学，2014.
[225] 彭本红，谷晓芬，周倩倩，等 . 基于 SNA 的服务型制造项目治理风险分析 [J]. 管理评论，2016，28（2）：25-34.
[226] 钱艳，任宏 . 公私合作模式下绿色社区项目利益相关者共同治理研究 [J]. 城市发展研究，2018，25（3）：148-156.
[227] 权基琢鋆 . 工程项目合约治理对承包商合作行为的影响 [D]. 天津大学，2017.
[228] 沙凯逊 . 从管理到治理：建设项目理论演进探析 [J]. 建筑经济，2008（6）：12-14.
[229] 盛昭瀚，游庆仲，陈国华 . 大型工程综合集成管理：苏通大桥工程管理理论的探索与思考 [M]. 北京：科学出版社，2009.
[230] 宋宇名，乐云，王亚琴 . 建设项目组织文化与项目绩效关系实证研究 [J]. 预测，2018，37（2）：22-28.
[231] 孙华，魏康宁，丁荣贵 . “互补”还是“替代”？——关系治理、正式治

理与项目绩效 [J]. 山东大学学报（哲学社会科学版），2015，1（6）：111-121.

[232] 田滨帆 . 关系治理对 PPP 项目管理绩效影响的研究 [D]. 北京交通大学，2017.

[233] 王爱民 . 治理风险视角的复杂项目危机成因及网格化治理研究 [J]. 软科学，2013，27（2）：41-44.

[234] 王华，尹贻林 . 基于委托 - 代理的工程项目治理结构及其优化 [J]. 中国软科学，2004（11）：93-96.

[235] 王进，许玉洁 . 系统思维视野下的大型工程项目成功标准 [J]. 中国工程科学，2009，10（12）：79-85.

[236] 王磊，丁荣贵，钱琛，等 . 两类工业研究院协同创新项目治理比较——社会网络分析方法的研究 [J]. 科技进步与对策，2016，33（12）：1-7.

[237] 王磊，丁荣贵，许萍，等 . 基于利益相关方关系网络的项目成功评价方法 [J]. 工业工程与管理，2017，22（2）：69-75.

[238] 王磊，高少冲，丁荣贵，等 . 信息网络视角下项目治理动态评价研究——以工研院协同创新项目为例 [J]. 科技进步与对策，2017，34（4）：31-39.

[239] 王彦伟，刘兴智，魏巍 . 项目治理的研究现状与评述 [J]. 华东经济管理，2009，23（11）：138-144.

[240] 温忠麟，张雷，侯杰泰，等 . 中介效应检验程序及其应用 [J]. 心理学报，2004，5：614-620.

[241] 文艳艳，柴国荣，陈振华，等 . 大型复杂项目的网络稳定性及其治理 [J]. 科技管理研究，2017（23）：233-239.

[242] 吴明隆 . 结构方程模型：AMOS 的操作与应用 [M]. 重庆：重庆大学出版社，2009.

[243] 吴明隆 . 问卷分析统计实务——SPSS 操作与应用 [M]. 重庆：重庆大学出版社，2010.

[244] 夏超尘 . PPP 项目利益相关者组织间关系研究 [D]. 重庆大学，2014.

[245] 谢洪涛 . 项目治理对重大建设项目技术创新绩效的影响——考虑项目创新度和复杂度的调节作用 [J]. 技术经济，2013，32（9）：29-33.

[246] 谢坚勋，温斌焘，许世权，等 . 片区整体开发型重大工程项目治理研究——以上海西岸传媒港为例 [J]. 工程管理学报，2018（2）：85-90.

[247] 徐淑英，欧怡，陈晓萍，等 . 科学过程与研究设计 [M]. 北京：北京大学出版社，2008.

[248] 薛晓芳，王月，刘修权，等 . 建筑业与制造业企业组织沟通有效性的比较研究 [J]. 工程管理学报，2012（2）：114-118.

[249] 严玲，邓新位，邓娇娇 . 基于关键项目治理因子的代建人激励实证研究：以项目控制权为调节变量 [J]. 土木工程学报，2014（6）：126-137.

[250] 严玲，贺星红，邓娇娇 . 公共项目治理绩效度量研究——一个理论及实证框架 [J]. 软科学，2013，27（10）：131-134.

[251] 严玲，李志钦，邓娇娇 . 公共建设项目中合同策略及其关系行为测量研究 [J]. 科技进步与对策，2016，33（16）：39-46.

[252] 严玲，史志成，严敏，等 . 公共项目契约治理与关系治理：替代还是互补？[J]. 土木工程学报，2016（11）：115-128.

[253] 严玲，阳涛，邓娇娇 . 公共建设项目治理策略研究：本土化构念及其组合类型 [J]. 预测，2017，36（6）：62-68.

[254] 严玲，尹贻林，范道津 . 公共项目治理理论概念模型的建立 [J]. 中国软科学，2004（6）：130-135.

[255] 严玲，尹贻林 . 基于治理的政府投资项目代建制绩效改善研究 [J]. 土木工程学报，2006，39（11）：120-126.

[256] 严玲，张笑文，严敏，等 . 中国建设项目治理研究发展路径的全景透视 [J]. 科技管理研究，2016，36（14）：191-199.

[257] 严玲，赵黎明 . 公共项目契约本质及其与市场契约关系的理论探讨 [J]. 中国软科学，2005（9）：148-155.

[258] 严玲，赵黎明 . 论项目治理理论体系的构建 [J]. 上海经济研究，2005（11）：104-110.

[259] 严敏 . 公共项目代建人激励制度设计——关键治理因子整合视角的研究 [J]. 科技进步与对策，2016，33（16）：147-152.

[260] 颜博 . 基于项目治理的 PMC 模式研究 [D]. 浙江大学，2012.

[261] 颜红艳 . 建设项目利益相关者治理的经济学分析 [D]. 中南大学，2007.

[262] 杨飞雪，汪海舰，尹贻林 . 项目治理结构初探 [J]. 中国软科学，2004（3）：80-84.

[263] 杨建平 . 政府投资项目协同治理机制及其支撑平台研究 [D]. 中国矿业大

学，2009.

[264] 杨文宇 . 基础设施 PPP 项目的全生命周期动态风险管理探索 [J]. 项目管理技术，2010（6）：39-43.

[265] 尹贻林，严敏，严玲 . 交易成本视角下的政府投资项目集中管理模式制度创新路径研究 [J]. 科学学与科学技术管理，2010，31（9）：104-110.

[266] 尹贻林，赵华，严玲，等 . 公共项目合同治理与关系治理的理论整合研究 [J]. 科技进步与对策，2011，28（13）：1-4.

[267] 张敬伟 . 扎根理论研究法在管理学研究中的应用 [J]. 科技管理研究，2010，（1）：235-237.

[268] 张磊 . 合同治理对 PPP 项目管理绩效的影响研究 [D]. 北京交通大学，2017.

[269] 赵华，严玲，周国栋 . 政府投资项目代建制关键治理因子研究 [J]. 财经问题研究，2009（5）：74-81.

[270] 郑传斌，鹿倩倩 . 全生命周期视角下关系治理与契约治理导向匹配关系的实证研究——以 PPP 项目为例 [J]. 管理评论，2017（12）：258-268.

[271] 周晓宏，王业球，凌利 . 基于利益相关者理论的工程项目治理机制研究 [J]. 安徽工业大学学报（社会科学版），2011，28（6）：45-46.

[272] 朱荣 . 基于扎根理论的产业集群风险问题研究 [J]. 会计研究，2010（3）：44-50.

[273] 祝军，何清华，叶丹丹，等 . 基于扎根理论的重大工程组织公民行为模型 [J]. 工程管理学报，2017，31（1）：94-100.

内容提要

本书结合我国重大工程项目的制度情境，基于制度理论、情境理论和项目治理等理论，综合采用扎根理论的全景式质性研究法、问卷调查与结构方程模型的实证研究方法，构建符合我国重大工程项目实际情况的项目治理机制框架，并进一步探索其对项目成功的影响机理，以期为提高项目治理绩效和实现项目成功提供有益的理论指导。本书对于提升重大工程项目治理能力，发展适合我国重大工程项目情境的治理理论、改进重大工程项目建设的绩效具有重要的理论意义与实践意义。

本书首次提出了我国重大工程基础设施项目治理的合同治理（CG）、关系治理（RG）和行政治理（AG）的三维治理机制框架，并通过问卷调查和结构方程模型分析等科学方法进行了实证研究，最终明确合同治理机制、关系治理机制和行政治理机制之间的关联关系，以及对治理绩效、项目成功的作用机理。

本书读者对象为从事重大工程建设的实践工作者和从事重大工程项目治理的理论研究人员，也可以供高等院校工程管理专业本科生或研究生作为参考教材。

图书在版编目（CIP）数据

重大工程项目治理机制及其对项目成功的影响机理 / 谢坚勋著. -- 上海：同济大学出版社，2019.8

（复杂工程管理书系. 理论研究与探索丛书）

ISBN 978-7-5608-8701-2

Ⅰ. ①重… Ⅱ. ①谢… Ⅲ. ①重大建设项目－项目管理－研究－中国 Ⅳ. ①F282

中国版本图书馆CIP数据核字（2019）第162927号

重大工程项目治理机制及其对项目成功的影响机理

谢坚勋　著

责任编辑　姚烨铭　　责任校对　徐春莲　　封面设计　钱如潺

出版发行　同济大学出版社　www.tongjipress.com.cn

（地址：上海市四平路 1239 号　邮编：200092　电话：021-65985622）

经　销　全国各地新华书店

印　刷　江苏凤凰数码印务有限公司

开　本　787mm × 1092mm　1/16

印　张　12

字　数　240 000

版　次　2019 年 8 月第 1 版　2019 年 8 月第 1 次印刷

书　号　ISBN 978-7-5608-8701-2

定　价　58.00 元